JÜRGEN KERNEGGER & KARL-HEINZ DREWS

KINGS OF FIRE

KINGS

OF

FIRE

REZEPTKREATIONEN FÜR
ABSOLUTEN GRILLGENUSS

südwest

INHALT

Partner und Bezugsquellen

VORWORT

Wenn man sein mittlerweile drittes Buch schreibt, fragt man sich zu Recht, welche Themen für unsere Leser noch interessant sind und welche man noch nicht gezeigt hat.

Mit meinem Co-Autor Karl-Heinz-Drews habe ich einen Partner gefunden, der ebenso wie ich auf die Kraft des Feuers zählt und auch gerne damit experimentiert. Zusammen mit ihm habe ich einige neue und neu gedachte Ideen gesammelt und spannende Rezepte entwickelt, die wir Euch auf den nächsten Seiten zeigen. Wichtig waren uns dabei zwei Punkte: Ursprünglichkeit und Nachhaltigkeit.

Die Grillindustrie hat in den letzten fünf Jahren ihren Fokus beständig auf technisch immer raffiniertere Geräte gelegt. Ob die App-Steuerung beim Smoker oder das bluetoothfähige Fleischthermometer – auch beim Grillen hat die Digitalisierung mittlerweile voll durchgeschlagen. Gleichzeitig gibt es aber auch einen starken Trend zurück zur Re-Analogisierung und Besinnung auf unsere ureigensten Instinkte.

Einer davon ist klar das ursprünglichste Element: das Feuer. Ohne Feuer hätte der Mensch nie die Entwicklung durchgemacht, an deren Ende wir gegenwärtig stehen. Gerade die Möglichkeit, Fleisch oder generell Eiweiß zu braten, hatte für die Entwicklung unseres Gehirns enorme Auswirkungen.

Über die Jahrtausende unserer Entwicklung war daher das Feuer eines der wichtigsten Elemente, mit dem umzugehen für unsere Spezies lebensnotwendig war.

Folgt man den aktuellen Nachrichten, sind Szenarien wie Blackout und generelle Energieengpässe immer wahrscheinlicher. Hier setzen unser Buch und die darin verwendeten Gerätschaften an. Wir wollen unabhängig von technischen Hilfsmitteln wie Herd und Backofen außerhalb unserer eigenen vier Wände wieder leckere Gerichte auf den Teller zaubern.

Ein weiterer Trend, der sich in den letzten vier Jahren beobachten lässt, ist die Mobilität und der Drang der Menschen zurück in die Natur – und damit einhergehend auch der Wunsch, in freier Natur zu grillen.

Deshalb finden sich in diesem Werk hauptsächlich Geräte wie die Feuerplatte, der Tandoor-Grill, der seit Jahrtausenden praktisch unverändert in Verwendung ist, oder der SKOTTI, ein Start-up-Produkt, das wie kein anderes den Konsum in der Natur unterstützt.

Um den Freunden von technischen Grillgeräten etwas zu bieten, haben wir auch einige Rezepte eingebaut, die auf einem Traeger-Smoker oder einem modernen Gasgriller von Flammkraft zubereitet wurden.

JÜRGEN KERNEGGER

Eine meiner ersten Erfahrungen mit dem Grillen hatte ich in den 1970er-Jahren, als mein Großvater und mein Onkel frisch gefangene Donaufische über Mosttrebern gegrillt haben.

Die nächsten 30 Jahre war Grillen für mich in etwa so: schnelles, heißes Feuer, darüber ein Rost, auf dem gewürztes Fleisch vom Discounter dunkelst gebraten und bei Bedarf mit Bier übergossen wurde.

Meinen ersten Griller bekam ich tatsächlich von meiner Frau und meinen besten Freunden zu meinem 40. Geburtstag geschenkt. Nun begann ich, mich mit dem Thema näher auseinanderzusetzen. Ich besuchte den einen oder anderen Grillkurs und habe mich in die verfügbare Literatur eingelesen.

2017 kam ich dann mit meinen späteren Asadores-Freunden Franz, Leo und Adi in Kontakt. Dies führte zu einer Entwicklung, die in der Publikation von drei Büchern, Abhaltung von Grillkursen und der Teilnahme an der BBQ-WM geendet haben.

Eine weitere schicksalhafte Begegnung im Juli 2022 führte schlussendlich dazu, dass ich nun mit meiner Frau Manuela ab Mai 2023 ein Restaurant mit Herberge und eine Grillschule in den Walliser Bergen eröffne. Hier im Binntal auf 1600 Meter Seehöhe möchte ich hauptsächlich eine alpine Feuerküche mit regionalen Produkten anbieten.

Ursprüngliche Garmethoden mit Produkten aus der Region, das spiegelt auch meine große Passion des Grillens mit offenem Feuer wider. Und das möchte ich auch an unsere Leser weitergeben.

Meine Botschaft soll sein: Wenn ich das kann, könnt ihr das auch. Probiert euch aus, scheitert, habt Erfolg und – am wichtigsten bei allem – lasst es euch schmecken. Wenn es euch selbst schmeckt, habt ihr alles richtig gemacht. Das Wichtigste jedoch, bevor ihr ans Grillen geht: Habt Zeit und lasst euch nicht stressen oder von anderen Dingen ablenken. Dann gelingt es auf jeden Fall.

Euer Jürgen

KARL-HEINZ DREWS

Als Wahlmünchner mit schwäbischer Seele treibt mich am Herd Motörhead und nicht Mozart zu kulinarischen Höchstleistungen an. Ich bin aber nicht nur Fine-Dining-Koch, sondern auch Metzgermeister sowie einer der Barbecue Kings, bekannt aus DMAX.

Der Grill ist meine Bühne und Feuer mein Element. Bevor ich jedoch meine Leidenschaft fürs BBQ und Kochen entdeckte und meine Ausbildung zum Koch erfolgreich abgeschlossen hatte, war ich mit Leib und Seele Metzgermeister. Somit dry-age ich gerne selbst und smoke oder veredle mein Fleisch mit Hochprozentigem.

Diese zwei Herzen schlagen somit immer in meiner Brust und spiegeln sich auch in den unterschiedlichsten Kreationen wider. Ich lege bei meiner Produktauswahl sehr viel Wert auf Regionalität und Qualität anstatt Quantität.

In der BBQ-Szene bin ich gerne als Feuerteufel unterwegs und dafür auch berühmt, vielleicht sogar auch berüchtigt ...

Wenn ich nicht gerade mit dem Feuer zündle, spiele ich auch gerne mal mit Stickstoff und biete meinen Gästen eine Liveshow, die man nicht so schnell vergisst.

Abseits dieser wilden Shows gibt es aber auch einen ruhigen, stillen, unauffälligen Kalle. Denn in meiner Freizeit engagiere ich mich mit viel Herzblut für soziale Projekte, unter anderem für COOKmeetsROCK und für die Mukoviszidose-Hilfe Südbayern.

Ich wünsche euch viel Vergnügen und gutes Gelingen!

Euer Kalle

Messerkunst

MESSERKUNST

Speziell, ausgefallen und vom Stahl über die Klinge
bis hin zum Griff und zur Lederscheide
alles aus einer Hand ...

Mein Name ist Matthias Neumann und ich bin der Messermacher von Wildhaus-Messer.

Angefangen hat alles mit einem Video, in dem gezeigt wurde, wie jemand aus einem Sägeblatt ein Messer gefertigt hat. Da wurde mir klar: Das will ich auch. Ich habe mir die benötigten Werkzeuge angeschafft und allmählich wurde es vom anfänglichen Rumprobieren und Tüfteln zum Hobby – und schließlich zur leidenschaftlichen Berufung.

Nun bin ich seit fünf Jahren selbstständiger Messermacher. Ich habe mir alles autodidaktisch beigebracht und mit der Zeit und mit der wachsenden Erfahrung meine Kenntnisse immer weiter verbessert.

Zu jedem Messer bedarf es natürlich einer Lederscheide. Auch das Wissen über die Herstellung davon habe ich mir selbst angeeignet und immer weiter ausgebaut. Aus anfänglich simplen wurden rasch hochwertige Stücke: von Hand gefärbt und individuell punziert. Diese Scheiden werten jedes Messer auf.

Bei Wildhaus-Messer findet jeder das passende Messer, ob nach Wunsch angefertigt oder aus meinem bestehenden Sortiment, in dem jedes Stück in Form, Klingenoptik und Griffgestaltung so einzigartig ist wie derjenige, der es nachher einsetzt.

Bei Wildhaus-Messer gibt es für nahezu jeden Einsatzbereich ein Messer im ausgefallenen Design, egal ob für die Küche, Jagd und Freizeit, für den Outdoor- und Bushcraft-Bereich, Käsemesser sowie Pilzmesser und Kräutersicheln. Auch Klappmesser, Steakmesser, Angler- oder Wiegemesser sind in unterschiedlichen Ausführungen erhältlich.

Wildhaus-Messer-Klingen sind aus japanischem Werkzeugstahl gefertigt, können aber auf Wunsch auch aus Damast hergestellt werden.

Und wem ein fertiges oder auf Wunsch angefertigtes Messer noch zu langweilig ist, für den gibt es die Möglichkeit, sich in einem zweitägigen Kurs mit meiner Unterstützung ein eigenes Messer anzufertigen.

Zum Wildhaus-Messer-Sortiment gehören noch diverse weitere Produkte. Dazu zählen Küchenbretter, Magnetblöcke und -leisten, Schleifsteine, Gewürzmühlen, Äxte und Beile.

Wer jetzt neugierig geworden ist, findet mehr Infos und Fotos von meinen Produkten auf:

• www.wildhaus-messershop.ch
• Facebook: Wildhaus-Messer
• Instagram: _wildhausmesser_

Mit freundlichen Grüßen,

euer Matze

Herstellung eines Asado-Messers

Das fertige Messer mit Scheide

Pfannenschmiede Bosnien

16

PFANNENSCHMIEDE BOSNIEN

Mitten im Nirgendwo in den Bergen im Herzen Bosniens
haben wir eine Manufaktur gefunden, die für unsere
Feuerküche die perfekten Produkte herstellt.

Diese Schmiede ist die letzte ihrer Art. Sie hat allen widrigen Umständen, denen dieser Landstrich über die Jahrhunderte ausgesetzt war, getrotzt.

Der einzigartige Herstellungsprozess ihrer handgeschmiedeten Pfannen und Messer ist an Nachhaltigkeit nicht zu überbieten. Gefertigt werden die Produkte immer noch genauso wie vor sieben Jahrhunderten: in einer durch Wasserkraft betriebenen Schmiede und nach einer Handwerkskunst, die über Generationen weitergegeben wurde. In diesen Pfannen, Woks, Pekas und Messern habt ihr eine Begleitung für das ganze Leben, durch die ihr eine neue Leidenschaft für das Kochen entwickeln werdet. Sowohl outdoor und in der Wildnis als auch in eurer Küche zu Hause.

Jedes dieser Produkte ist ein Unikat, handgeschmiedet nach 700 Jahre alter Tradition unter Verwendung von hochwertigem Carbonstahl, im Herzen von Bosnien.

Für die Griffe werden nur robustes und komfortables Linden- oder Zwetschgenholz verwendet. Derart stabil produziert, stehen diese Grill- und Kochprodukte für eine einzigartige Qualität, welche ein Leben überdauert.

Pfannenschmiede Bosnien

Pfannenschmiede Bosnien

Pfannenschmiede Bosnien

Pfannenschmiede Bosnien

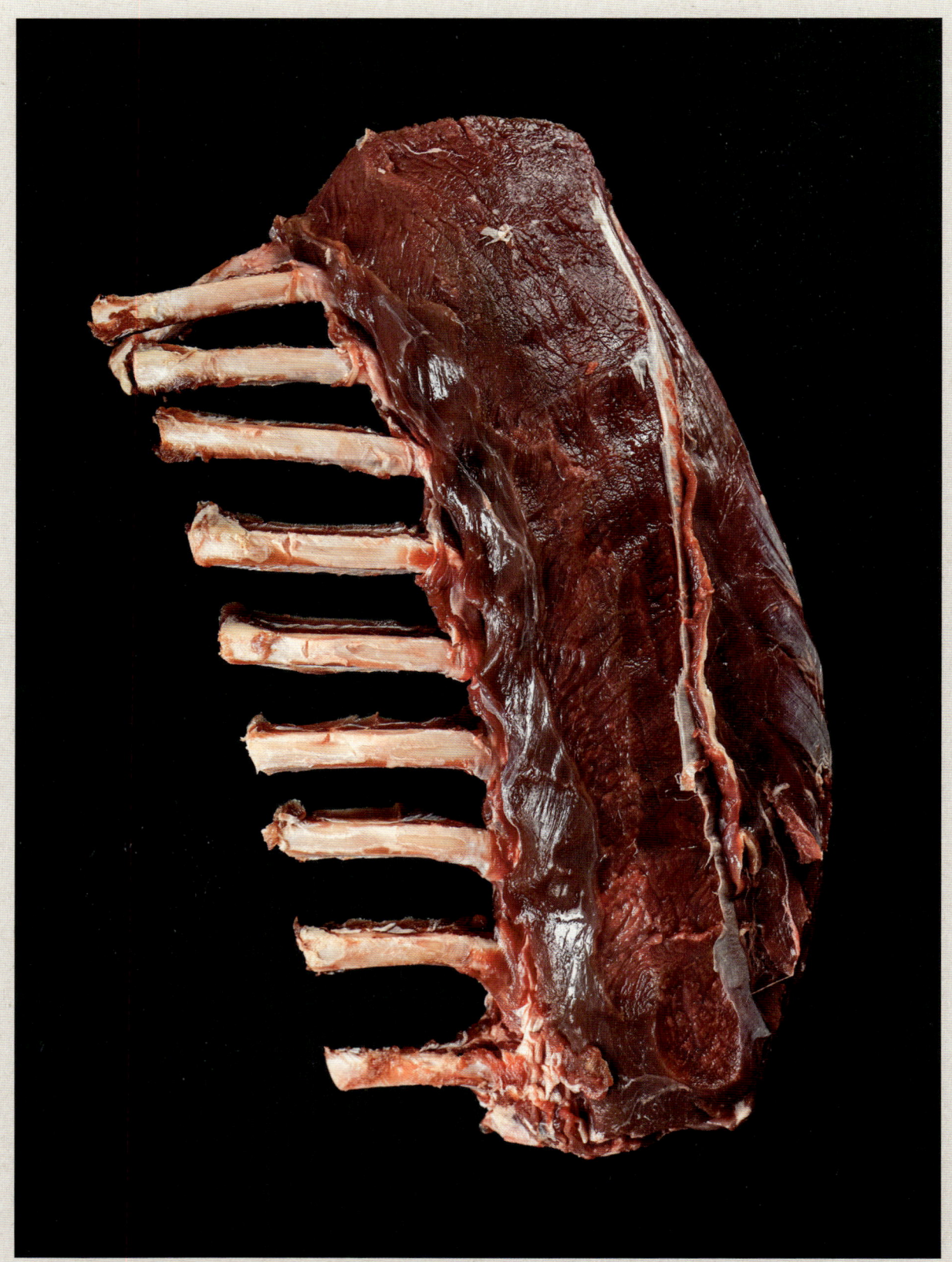

Wildfleisch

22

WILDFLEISCH

Schon als Kind mit der Jagd aufgewachsen, hatte ich bereits früh Berührung mit Wildgerichten. Unvergessen für mich ist der Rehbraten mit Sauce und Waldviertler Knödeln meiner Oma. Obwohl ich das Rezept habe, ist es mir nie gelungen, dieses Geschmackserlebnis selbst auf den Teller zu bekommen. Oft ist es doch diese ganz eigene Prise Oma, die ein Gericht speziell macht.

Mit 32 Jahren habe ich dann doch relativ spät selbst den Jagdschein gemacht. Schon damals habe ich die Jagdausbildung dahingehend kritisiert, dass die Ausbildung nach dem Schuss und dem Aufbrechen und Versorgen des Stückes Wild zumeist abrupt endet.

Angespornt dadurch gebe ich heute Kurse, in denen Wild aus der Decke geschlagen oder abgeschwartet wird und im Anschluss küchenfertig zerlegt und am Grill oder in der Küche zubereitet wird. Daher war es mir ein besonderes Anliegen, bei den Rezepten für dieses Buch auch Produkte wie Reh, Hirsch und Wildschwein einzusetzen.

Sind wir heute bestrebt, alles in Bioqualität herzustellen, dann hat gerade Wild dieses Siegel verdient, quasi schon mit der Geburt.

Aber was macht nun Wildfleisch so speziell?

Mit dem spärlichen Vorkommen von Bindegewebe, einem geringen, aber hochwertigen Fettanteil in Verbindung mit einem hohen Anteil an verdaulichem Eiweiß zeigt Wild meist eine sehr feinfaserige Struktur im Muskel. Dadurch ist es außerdem cholesterinarm und stellt – mal am Beispiel von rotem Fleisch wie etwa vom Hirsch – eine gute natürliche Eisenquelle dar.

Warum Wildfleisch?

WARUM WILDFLEISCH?

Woraus setzt sich die Wildfleischqualität zusammen? Wie bringt man die optimale Qualität auf den Teller? Wildbret für ernährungsbewusste Konsumentinnen und Konsumenten!

Wildkochbücher liegen voll im Trend: Einer der führenden Internetanbieter gibt über 150 lieferbare Buch- und Broschürentitel an (Stand: August 2017). Man kann sich bei der Lektüre Appetit holen und Wildbretgerichte in Restaurants und Gasthäusern genießen. Die Auswahl ist reichhaltig, mit saisonalen Schwerpunkten. Wildkochbücher regen aber auch zum Selbermachen an. Dazu muss der Konsument Zugang zu frischem und einwandfreiem Wildbret haben. Warum sich aber die Mühe machen, zu solchem Fleisch zu kommen?

Wildbret – das andere Fleisch

Das Muskelfleisch der verschiedenen Wild- und Nutztierarten hat grundsätzlich denselben Aufbau (Muskelfasern, Bindegewebe, Blutgefäße und Nerven) und eine ähnliche Zusammensetzung, das heißt 20 bis 25 Prozent Eiweiß, 1 bis 5 Prozent Fett, etwa 1 Prozent Mineralstoffe und 70 bis 75 Prozent Wasser. Wildfleisch ist aber doch etwas anders. Am besten kann man dies beim Vergleich von Wildtieren mit der jeweils domestizierten Form fest stellen, etwa beim Vergleich von Wild- und Hausschwein, Europäischem Bison und Hausrind oder Mufflon und Schaf, also Formen, bei denen eine Kreuzung noch möglich ist. Gerade zum Vergleich von Wild- mit Hausschwein liegen zahlreiche Studien vor. Dabei kann die Züchtung des Hausschweins auch als Anpassung an vom Menschen vorbestimmte Anforderungen und Haltungsformen verstanden werden. Die Muskulatur der Wildschweine ist eiweißreicher und wasserärmer, an regelmäßige und ausdauernde Bewegung angepasst, was sich in dünneren Muskelfasern mit besserer Blut- und damit Sauerstoffversorgung widerspiegelt; diese »oxidativen« Fasern enthalten dann auch mehr Muskelfarbstoff und damit Eisen. Daher ist die Muskulatur auch eher dunkelrot. Im Gegensatz dazu steht beim Hausschwein die Zunahme der Muskelmasse durch Dickenwachstum der Muskelfasern im Vordergrund; diese Fasern sind nicht für andauernde Bewegung ausgelegt (was in der Schweinehaltung auch nicht nötig ist, da das Futter nicht in Bewegung, sondern in Gewichtszunahme angelegt werden soll), sondern für eher kurzfristige Aktivität. Da diese Aktivität auch mit wenig bis keinem Sauerstoff abläuft, werden diese Fasern als »glykolytisch« bezeichnet, sie erscheinen auch heller (»weiße Fasern«). Der Nachteil dieser dicken, weißen Fasern ist, dass es durch Beanspruchung des Tieres, insbesondere kurz vor der Schlachtung, zu einer Überhitzung und schnellem Abbau der Kohlenhydrate im Muskel kommen kann, wodurch sich eine schnelle Säuerung des Fleisches ergibt. Diese kann in weiterer Folge zu einer Schädigung der Muskeleiweiße führen, wodurch Wasser aus dem Muskel austritt. Der Wasserfilm an der Fleischoberfläche reflektiert das Licht, und damit ist das Fleisch nicht nur wässrig, sondern auch heller; durch den Wasseraustritt ist das rohe Fleisch auch weicher – beim Erhitzen wird der Wasserverlust noch verstärkt, und das Fleisch wird dadurch härter, was letztlich als »PSE«-Fleisch bekannt ist. Bei Wildschweinen erfolgt die Säuerung aufgrund des höheren Anteils von oxidativen Fasern langsamer; allerdings könnte diese durch eine zu hohe Körpertemperatur nach dem Erlegen – das heißt bei spätem Ausweiden – so hoch bleiben, dass es ebenfalls zu einer Schädigung der Muskeleiweiße und zu Wasseraustritt kommt. Beim Wildschwein bestehen die Muskeln nicht nur aus oxidativen Fasern, sondern es gibt auch wechselnde Anteile glykolytischer Fasern – der Anteil dieser Fasern steigt auch, wenn Wildschweine wie Hausschweine gehalten werden. In der Praxis – und das gilt für alles Schalenwild und nicht nur für das Wildschwein – ergibt sich durch den hohen Anteil der oxidativen Fasern die Möglichkeit, dass es bei Überbeanspruchung vor dem Tod zu einer Energieverarmung in der Muskulatur kommt und somit die Fleischsäuerung nach dem Tod nicht oder nur abgeschwächt abläuft (hoher pH-Wert). Das Fleisch-Eiweiß hält bei hohem pH-Wert Wasser gut zurück, damit ist die Fleischoberfläche trocken und eher dunkel – dieses Fleisch sieht zwar appetitlich aus, ist aber leider nicht lange haltbar. Die Bejagungstechniken, besonders bei der Bewegungsjagd, werden daher so gewählt, dass keine starke Energieverarmung vor dem Tod eintritt. Neben den Muskelfasern weist auch das Bindegewebe Unterschiede auf, es ist bei Wildtieren im Allgemeinen dünner und besser löslich. Sowohl beim sichtbaren als auch beim in den Zellen befindlichen Fett gibt es Unterschiede, die in *WEIDWERK*-Artikeln schon behandelt wurden. Bei Wild mit einhöhligem Magen hat die Fettzusammensetzung der Äsung einen direkten Einfluss auf die Fettzusammensetzung des sichtbaren Fetts – so wie beim Hausschwein. Die Kirrung mit Mais führt daher zu höheren Anteilen von ungesättigten Fettsäuren im Fett und damit zu weichem Speck, der schneller ranzig werden kann. Bei Wiederkäuern sind solche Effekte nicht oder nur geringfügig ausgeprägt. Höhere Eisen- und Kupfergehalte in der Muskulatur von Wild sind auch durch die oxidativen Fasern erklärbar. Wildfleisch weist also sowohl in der Struktur als auch in der Zusammensetzung Unterschiede zum Fleisch vergleichbarer Nutztiere auf. Ein hoher Eisengehalt kann in der Muskulatur zu einem leberähnlichen Geschmack führen (»livery taste«), was in den USA bei Rindfleisch und in Südafrika bei Gänsearten beschrieben wurde und im Prinzip auch bei europäischem Wild vorkommen könnte.

Wildbretqualität

Qualität ist eigentlich eine Frage des Verwendungszwecks. Aus dem Aufbau, der Zusammensetzung und der Behandlung des Wildes nach dem Erlegen ergeben sich die mit den Sinnen wahrnehmbaren Eigenschaften Farbe, Geruch sowie eventuelle Wässrigkeit. Beim Kauf von frischem Wildbret bilden diese Eigenschaften den ersten und oft kaufentscheidenden Eindruck. Wildbret hat eher eine dunkle Farbe, was für manche Konsumenten etwas ungewohnt ist, aber das magere und nicht wasserlässige Fleisch macht immer einen guten Eindruck. »Frisches« Fleisch ist immer ein paar Tage alt, es muss reifen können, um Zartheit und Geschmack zu entwickeln. Bei Wild reichen je nach Tierart drei bis fünf Tage im Kühlraum, um genügend Reife zu erzielen. Neben dieser sensorischen Qualität gibt es die ernährungsphysiologische, hygienische und verarbeitungstechnische Qualität. Die ernährungsphysiologische Qualität wird von der Zusammensetzung des Wildbrets und – beim Verzehr – von der Verfügbarkeit der Nährstoffe (das heißt, wie gut diese im Verdauungstrakt vom Körper aufgenommen werden) bestimmt. Manche Autoren führen an, dass unser Verdauungstrakt mit Wildbret optimal umgehen kann, weil es über viele Jahrtausende Teil der menschlichen Ernährung war (»Paläo-Diät«). Das Konzept hat Schwächen, aber wer Wildfleisch gegessen hat, wird bestätigen können: Wildbret ist eben leicht verdaulich. Die hygienische Qualität ist eigentlich eine Grundvoraussetzung, um Wildfleisch an andere Personen weitergeben zu können, und gesetzlich genau geregelt. Dem Jäger kommt dabei eine dreifache Aufgabe zu:

1. Tiere mit krankhaften Veränderungen erkennen und gegebenenfalls auf Lebensmitteleignung hin tierärztlich untersuchen zu lassen;

2. jede nachteilige Beeinflussung des Wildfleisches zu vermeiden;

3. sicherzustellen, dass die Herkunft des Wildbrets nachvollziehbar ist.

Bei der Verarbeitung zu Wurst oder Schinken kommen noch andere Anforderungen hinzu.

Es ist leicht verständlich, dass die Art der Bejagung und die Versorgung des Wildes nach der Erlegung die Wildbretqualität wesentlich beeinflussen. Jagd ist damit auch Verantwortung im Sinne der Lebensmittelsicherheit!

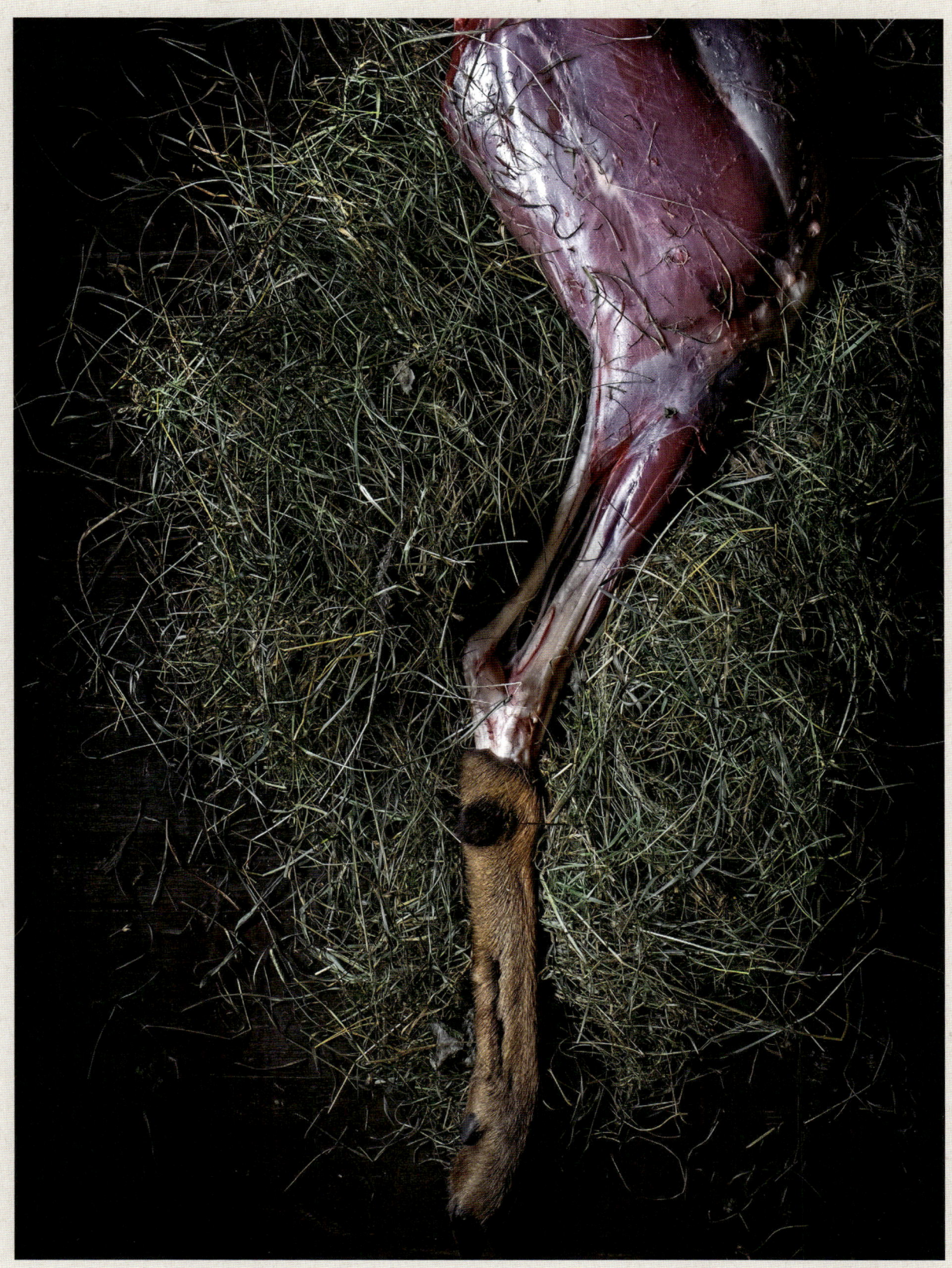

Warum Wildfleisch?

Tierart		Fleischart	Eiweiß (g/100 g)	Fett (g/100 g)	Mineral-stoffe (g/100 g)	Kohlen-hydrate %	Energie in Kilokalorien (Kj)/100 g
Wiederkäuer	Rotwild	Muskulatur, durchschnittliche Zusammensetzung	20,6	3,3	1,1	0,2–0,5	112 (474)
	Rehwild	Rücken	22,4	3,5	1,2	0,2–0,5	122 (512)
		Keule	21,4	1,2	1,0		97 (410)
	Kalb	reines Muskelfleisch *)	21,3	0,8	1,2	0,4–0,5	92, (392)
		Schulter	20,9	2,6	1,1		107 (453)
		Filet	20,6	1,4	1,1		95 (403)
	Rind	reines Muskelfleisch *)	22,0	1,9	1,2	0,3–0,5	108 (455)
		Schulter	20,2	5,3	1,0		129 (540)
		Filet	21,2	4,0	1,1		121 (508)
		Rostbraten	20,6	8,0	1,1		155 (647)
andere Paarhufer	Wild-schwein	Muskulatur, durchschnittliche Zusammensetzung	19,5	9,3	1,0	0,3–0,5	162 (676)
	Haus-schwein	reines Muskelfleisch *)	22,0	1,9	1,0		105 (443)
		Bauch	17,8	21,1	0,8		261 (1083)
		Filet	22,0	2,0	1,2		106 (448)
Hasentiere	Feldhase	Muskulatur, durchschnittliche Zusammensetzung	21,6	3	1,0	0,1–0,5	113 (480)
Geflügel	Fasan	Muskulatur, durchschnittliche Zusammensetzung	23,8	6,5	1,2	< 0,1	154 (646)
	Wachtel	Muskulatur, durchschnittliche Zusammensetzung	22,4	2,3	1,1	< 0,1	110 (466)
	Haus-taube	Muskulatur, durchschnittliche Zusammensetzung	20,9	9,5	1,2	0,2–0,5	169 (707)
	Ente	Muskulatur, durchschnittliche Zusammensetzung	18,1	17,2	1,0	0,3–0,5	227 (944)
	Gans	Muskulatur, durchschnittliche Zusammensetzung	15,7	31,0	0,9	< 0,1	342 (1414)
	Mast-huhn	Muskulatur, durchschnittliche Zusammensetzung	19,9	9,6	1,2	< 0,1	166 (694)

(Quellen: Souci, Franzke)

Warum Wildfleisch?

Optimale Zubereitung

Mit der »optimalen Zubereitung« verhält es sich wie bei Fleisch anderer Tiere: Es muss letztlich appetitlich aussehen, gut riechen und gut schmecken. Teilstücke mit viel Bindegewebe kann man weich kochen – das Bindegewebe besteht aus Kollagen, einem Eiweiß, das beim Kochen aufquillt und weich wird. Allen Leserinnen und Lesern ist dieser Vorgang vom Rindsgulasch her bestens vertraut. Teilstücke mit wenig Bindegewebe werden durch lang andauerndes Braten eher gehärtet beziehungsweise zerfasern beim längeren Kochen. Da Wildbret tendenziell zarter ist als das Fleisch von Nutztieren, ist aber auch ein durchgebratenes Teilstück noch relativ zart. Optimal wäre eine möglichst schonende Erhitzung mit einem zartrosa Kern, aber aus Gründen der Lebensmittelsicherheit sollten im Inneren des Fleisches Temperaturen von etwa 70 °C erreicht werden – das gilt auch für Fleisch von Nutztieren. Der Geschmack von erhitztem Fleisch ergibt sich durch Reaktionen der Eiweiße, Fette und eventuell Kohlenhydrate. Da sich Eiweiß- und Fettzusammensetzung der Wild- und Nutztiere unterscheiden, ergeben sich auch nach dem Erhitzen Unterschiede im Aroma. Ob man den Fleischgeschmack mit Gewürzen oder anderen Zutaten sparsam akzentuiert oder mit Saucen »zudeckt«, möge jeder für sich selbst entscheiden.

Ökologie und Ethik

»Artgerechte Tierhaltung« und der »ökologische Fußabdruck« sind häufig gebrauchte Begriffe im Zusammenhang mit Lebensmitteln tierischer Herkunft. Obwohl der Lebensraum und die Aktivitäten der Wildtiere regional verschieden deutlich eingeschränkt werden, sei es durch Straßennetze, Freizeitnutzung des Waldes und so weiter, kann sich das Wild letztlich so anpassen, dass ein Ausleben des natürlichen, »artgerechten« Verhaltens möglich ist. Die Erlegung soll – nicht nur im Interesse der Leidensvermeidung – unerwartet, schnell und schmerzfrei erfolgen, damit am Wildbret keine Stresserscheinungen auftreten können. Wildfleisch als natürlich nachwachsende Eiweißquelle ist in manchen Weltgegenden noch immer ein wesentlicher Teil der Ernährung. In Europa ist es zwar nur ein Nischenprodukt, aber auch etwas Besonderes – ein Naturprodukt, das in der eigenen Küche mit wenig Aufwand veredelt werden kann.

Warum Wildbret?

Wer sich – entsprechend dem aktuellen Ernährungstrend – gesund von naturnah gewonnenen Lebensmitteln ernähren möchte, wird früher oder später mit Wildfleisch Erfahrungen machen. Ernährungsbewusste Konsumenten werden Wildbret aufgrund seiner Zusammensetzung besonders schätzen und lieben. Diese naturgegebene Qualität in ungeschmälerter Form an den Mann oder die Frau zu bringen, ist eine der Hauptaufgaben der Jagd!

ZAHLEN – FAKTEN – DATEN

In der EU leben circa
545 Millionen Menschen,
6,5 Millionen davon haben
einen Jagdschein.

Wer mehr zum Thema Wildfleisch lesen will, wird bei www.weidwerk.at fündig.

Text: Winkelmayer, R., Paulsen, P., Lebersorger, P., Zedka, H.-F.: Wildbret Direktvermarktung, Zentralstelle Österr. Landesjagdverbände, 2014.

SPEZIFISCHE QUALITÄT DES WILDBRETS: ZUSAMMENSETZUNG DES WILDBRETS

Wildbret gehört (neben Fisch) zu den eiweiß-reichen Fleischarten. Dieses Eiweiß ist darüber hinaus von überdurchschnittlicher biologischer Wertigkeit, das heißt, es hat einen hohen Verwertungsgrad für den Aufbau unseres körpereigenen Eiweißes. Als Basis für den Genusswert des Fleisches sind, neben dem Fettanteil, einerseits der Bindegewebsanteil, der möglichst gering sein sollte, und andererseits die Dicke und Länge der Muskelfasern ausschlaggebend.

Das Fleisch kann je nach Muskel mehr oder weniger Bindegewebe enthalten. Dieses Bindegewebe wird während des Lebens immer mehr vernetzt und damit fester. Während der Fleischreifung wird Bindegewebe nicht weicher, sondern nur durch Kochen (also zum Beispiel nicht durch Kurzbraten).

Das Wildbret zeichnet sich nun einerseits durch einen sehr geringen Bindegewebsanteil, andererseits durch besonders zarte und kurze Muskelfasern aus. Die Wildstücke sind im Vergleich zum möglichen biologischen Lebensalter meist jung und damit ist die Bindegewebszähigkeit noch nicht voll ausgeprägt.

Die dunkle Fleischfarbe bei Wild kommt dadurch zustande, weil Wildbret einen höheren Gehalt an Muskelfarbstoffen hat als das Fleisch landwirtschaftlicher Nutztiere. Dazu kommt eventuell ein höherer Gehalt an Blutfarbstoff. In der Praxis führen Schusswunden im Brustraum zu einem massiven Blutverlust, der der Entblutung der landwirtschaftlichen Nutztiere nicht nachsteht. Ein insgesamt höherer Restblutgehalt bei Schalenwild kann aber durch eine intensivere Blutversorgung der Muskulatur der Wildtiere bedingt sein (dichteres Kapillarnetz, das auch beim Entbluten gefüllt bleibt), eventuell auch durch mangelhafte Entblutung bei Erlegung durch Schuss in das Haupt. Eine österreichische Untersuchung (2011) bei Rehkitzen wies darauf hin, dass auch bei Schüssen in das Haupt keine höhere Restblutmenge im Muskel verbleibt und ein Großteil des Blutes in den Gefäßen des Verdauungstraktes »zentralisiert« wird. Das muss aber nicht unbedingt für größeres Wild gelten.

Wildbret

SCHOCKFROSTEN

Das Schockfrosten hat nur Vorteile – wir sagen dir, welche und warum!

- Kein unnötiger Saftverlust beim Auftauen oder Kochen.

- Nachhaltigkeit: Food Waste kann durch die verlängerte Haltbarkeit auf ein Minimum reduziert werden.

- Das Fleisch kann von uns auf den optimalen Grad gereift werden, ohne dass es in der Verpackung und während der Lagerung zu Hause noch weiterreift und seine Qualität dadurch mindert.

- Wird die Ware nicht gleich gebraucht, kann sie direkt in das heimische Gefrierfach überführt werden, ohne dabei die Vorteile des Schockfrostens einbüßen zu müssen.

- Längere Mindesthaltbarkeitsdauer.

- Viele Produkte wie zum Beispiel Pata Negra gibt es nur saisonal in den besten Qualitäten. Die Eicheln fallen ja nicht das ganze Jahr von den Bäumen, sondern nur im Herbst. Dadurch können wir die beste Ware saisonal einkaufen, auf den optimalen Grad reifen und danach für dich schockfrosten.

Die **SCHNELLE SCHOCKFROSTUNG**, wie sie bei den Tiefkühlkost-Herstellern eingesetzt wird, verhindert, dass sich in und zwischen den Zellen des Gefriergutes größere Eiskristalle bilden können. Kleine Eiskristalle beschädigen nicht die Zellmembranen, die intakt bleiben und den Zellsaft in der Zelle halten. Vitamine, Mineralien, wichtige Inhaltsstoffe und Geschmack bleiben geschützt. Die Saftigkeit des Lebensmittels wird erhalten.

BEIM EINFRIEREN ZU HAUSE in handelsüblichen Gefriergeräten hingegen bilden sich langsam wachsende und deshalb relativ große Eiskristalle. Diese großen Eiskristalle können die empfindlichen Zellmembranen, aufbrechen und die Zellstrukturen zerstören. Qualitätsverlust ist die Folge, beispielsweise in Form von Saftverlust beim Auftauen, wobei das Lebensmittel »strohig« wird. Wichtige Inhaltsstoffe fließen ab, Vitamine und natürliche Aromen werden schneller abgebaut.

Quelle: Deutsches Tiefkühlinstitut

Löse dich also von der veralteten Ansicht über das Einfrieren von Lebensmitteln und vertraue uns, wenn wir sagen, dass die beste Qualität eigentlich nur durch Schockfrosten zu erreichen ist.

Mehr zum Thema gibt's auf
www.tiefkuehlkost.de

SCHOCKFROSTEN VERSUS EINFRIEREN ZU HAUSE

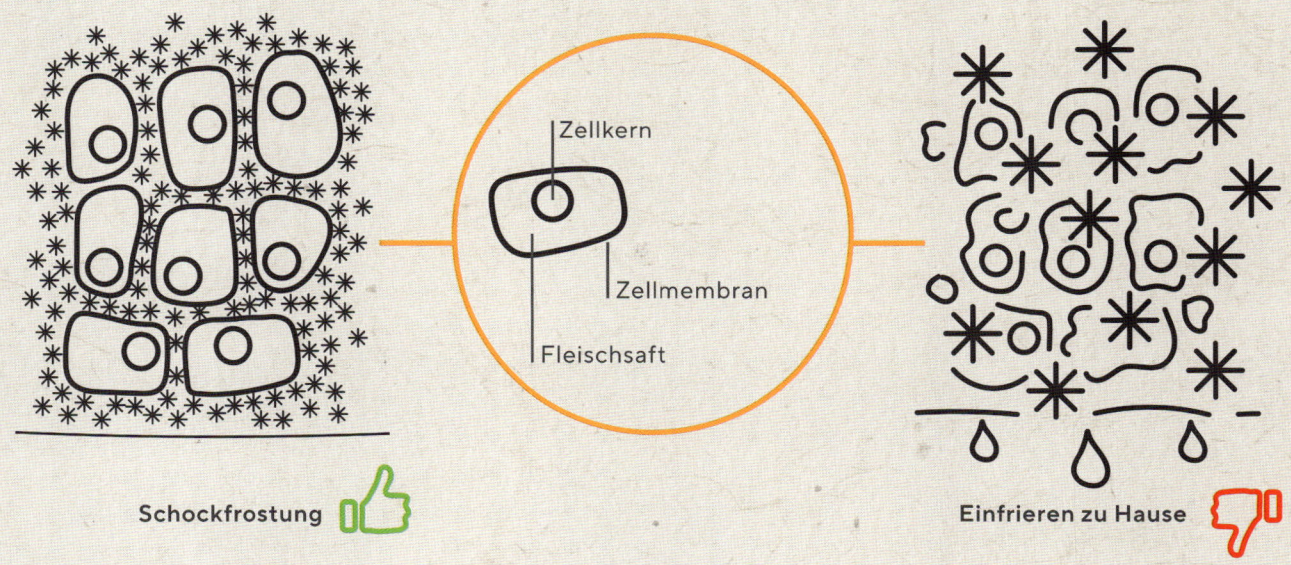

Zellkern

Zellmembran

Fleischsaft

Schockfrostung

Einfrieren zu Hause

AMPHORA
TANDOORS

Folgt man den Spuren
des Tandoor, muss man
schon über 2500 Jahre in der
Geschichte zurückgehen.

Zu dieser Zeit wurden wohl die ersten ke-
gelförmigen, innen heiß werdenden Lehm-
behälter hergestellt – und spannenderweise
wurde diese Technik in den verschiedens-
ten Regionen der Welt angewandt. Sei es
im arabischen Raum, wo in diesen Tonöfen
vorwiegend Brot gebacken wurde, oder auf
dem europäischen Kontinent, wo das Prinzip im Römertopf angewandt wurde.

Ursprünglich wahrscheinlich als Backofen konzipiert, hat sich der Tandoor über die Jahrtausende zu einem wahren multifunktionalen Gerät entwickelt. Brot backen und Spieße grillen gelingen in diesem Tausendsassa ebenso gut wie geschmortes Fleisch und Gemüse oder süße Nachspeisen.

Einer der interessanten Aspekte des Tandoors ist, dass man in ihm sowohl in der Vertikalen wie auch in der Horizontalen grillen kann. Klassisch vertikal werden etwa die verschiedenen Fleischspieße, Fisch und Huhn oder Eintöpfe zubereitet. In Verbindung mit einem Rost oder einer Wokpfanne kann der Tandoor aber auch horizontal wie ein Ofen oder ein klassischer Grill genutzt werden.

Aufgrund seiner voluminösen Form und der dicken Wände fällt die Temperatur im Tandoor erst sehr spät, nicht früher als eine Stunde nach dem Anzünden. Dies erlaubt es, verschiedenste Gerichte in beliebiger Reihenfolge zu grillen und somit auch eine größere Anzahl an Personen in kurzer Zeit zu versorgen.

Was mir am Tandoor persönlich gefällt, ist, dass man sich mit dem Gerät schon etwas auseinandersetzen muss. Hier kann man nicht mal schnell einfach den Gasregler aufdrehen und los geht es. Aber gerade dieses Auseinandersetzen mit dem Element Feuer macht für mich den Unterschied und den Reiz aus.

Amphora Tandoors

DER ERSTE EINSATZ & DER RICHTIGE GEBRAUCH

Diese Anweisungen gelten auch, wenn der Tandoor nass ist, wenn es frostig war oder nach einer längeren Nutzungspause.

1. Entfernen Sie den Deckel, die obere Kappe, die Zuglufttür und legen Sie den Rost unten in den Tandoor.

2. Um das Feuer zu entfachen, verwenden Sie kleine Äste oder kleine Chips. Fügen Sie gegebenenfalls etwas Papier hinzu.

3. Zünden Sie das Anzündholz an und versuchen Sie, es mindestens 30 bis 40 Minuten lang niedrig zu halten, indem Sie weitere kleine Holzstücke hinzufügen. Das Ziel ist es, die Wände und den Boden des Tandoors aufzuheizen, und erst danach können Sie die Flamme allmählich bis zum Hals erhöhen, indem Sie die Menge an Brennholz erhöhen.

4. Nach 30 bis 40 Minuten können Sie anfangen, größeres Brennholz hineinzulegen, aber versuchen Sie immer noch, die Flamme nicht über den Hals steigen zu lassen. Diese Faustregel gilt nicht nur beim ersten Mal, sondern auch bei regelmäßigem Gebrauch – die Flamme muss nicht über den Hals steigen, um den Tandoor aufzuheizen.

5. Setzen Sie den Deckel nicht auf, solange die Flamme hoch ist! Sie können ihn aufsetzen, wenn die Flamme nachlässt, damit sich auch der Deckel erwärmt.

6. Zuerst wird das Innere des Tandoors schwarz. Wenn es sich erwärmt und der Ruß ausbrennt, wird das Innere weiß und der Tandoor ist für die Nutzung bereit.

7. Sie können wählen, was mit der Glut geschehen soll – Sie können sie mit einer Schaufel durch die Zuglufttür entfernen oder sie im Tandoor brennen lassen, damit die Hitze länger erhalten bleibt. Wenn Sie die Glut behalten, verteilen Sie diese gleichmäßig am Boden. Schließen Sie als Nächstes die Zuglufttür, hängen Sie die Spieße, den Haken oder das Grillgitter mit Ihrem Grillgut ein, schließen Sie den Deckel und die zwei Kappen. Da der Luftzugang blockiert ist, gibt es beim Grillen keine Flammen im Tandoor.

ACHTUNG! – Wir raten davon ab, zum Anfeuern flüssigen Grillanzünder zu verwenden. Die Flüssigkeit kann von den Wänden des Ofens absorbiert werden und somit den Geschmack der Lebensmittel negativ beeinflussen.

TAFELSPITZ
aus dem Tandoor

6 PERSONEN

Zutaten:
1 kg Tafelspitz mit Fettdeckel
2 Zitronen
6 Schalotten
1 Granatapfel
etwas Mangoessig
Meersalz
1 Limette

zusätzliches Grillgerät:
Schaschlikspieß

Zubereitung:
Den Tandoor wie auf den vorigen Seiten beschrieben aufheizen.

Den Tafelspitz in etwa 3–4 Zentimeter dicke Steaks schneiden – die Stücke sollten etwa gleich dick werden; das ist für den nachfolgenden Garprozess sehr wichtig.

Bei 1 Zitrone den oberen »Deckel« abschneiden und zuerst auf den Schaschlikspieß aufziehen.

Nun den Spieß abwechselnd mit 1 Stück Tafelspitz und je einer ½ Zitrone bestücken. Den Spieß nun mittig in den Tandoor hängen – Achtung: Beim Tandoor benötigt es etwas Fingerspitzengefühl und Aufmerksamkeit. In Bodennähe ist hier die Hitze am größten. Das Fleisch wird nun wunderbar rundum gebräunt und das nach unten schmelzende Fett überzieht die darunterliegenden Fleischstücke und sorgt für einen schönen Glanz.

Während das Fleisch gart, die Schalotten in feine Streifen schneiden und die Kerne aus dem Granatapfel lösen.

Das Fleisch nach etwa 10 Minuten aus dem Tandoor nehmen und einen eisernen Wok auf die Öffnung des Tandoor stellen. Die Schalotten mit etwas Mangoessig durchschwenken.

Den Tafelspitz rausnehmen und direkt vom Spieß feine Tranchen runterschneiden. Etwas von den Schalotten dazugeben und mit den Granatapfelkernen bestreuen. Für den letzten Kick noch etwas Meersalz und Limettenabrieb drübergeben.

Tipp: Dazu passt ein fruchtiger Malbec aus Argentinien.

SCHWEINEFILET AUS DEM TANDOOR
mit Granatapfel-Zwiebel

2 PERSONEN

Zutaten:
2 große weiße Zwiebeln
400 g Schweinefilet
Meersalz
frisch gemahlener
schwarzer Pfeffer
etwas Kreuzkümmel
etwas Rapsöl
125 g vorgekochte Maroni
etwas Kräuter der Provence
2 Granatäpfel

zusätzliches Grillgerät:
Tannenspieß

Zubereitung:
Den Tandoor-Grill wie auf den Seiten 38–39 beschrieben aufheizen.

Die Zwiebeln grob in Scheiben schneiden.

Das Schweinefilet von Häuten und Sehnen befreien.

Mit Salz, Pfeffer und etwas Kreuzkümmel würzen.

Etwas Öl auf den Topfboden geben und die Zwiebelstücke rundum am Boden verteilen, die Maroni darauflegen. Die Zwiebel mit den Kräutern der Provence bestreuen. Das gewürzte Schweinefilet auf das Zwiebelbeet legen. 1 Granatapfel halbieren und über dem Filet auspressen.

Den zweiten Granatapfel halbieren und jeweils eine Hälfte an der Vorrichtung wie auf dem Bild gezeigt aufspießen.

Den Tannenspieß in den Tandoor hängen und das Schweinefilet sanft im Granatapfelsaft garen lassen.

Das Filet ist je nach Hitze in 10–15 Minuten fertig.

Die Zwiebeln und die Maroni mit dem Saft auf einem flachen Teller anrichten. Das Filet in Tranchen aufschneiden, auf die Zwiebeln legen und servieren.

Das Besondere bei diesem Grillrezept: Für dieses Gericht kommt mit dem Tannenspieß ein spezielles Zubehör des Tandoors zum Einsatz. Im Wesentlichen handelt es sich um einen Topf mit einem durchgeschraubten Gestänge mit Spießen.

GEFÜLLTE PAPRIKA
vegan

4 PERSONEN

Zutaten:
500 ml Gemüsebrühe
600 g Sojaschnetzel
   (z. B. von Rapunzel)
2 Knoblauchzehen
1 große Zwiebel
½ Bund gemischte Kräuter
   (Thymian, Rosmarin, Oregano)
etwas Rapsöl
3 EL Tomatenmark
300 ml trockener Rotwein
1 Dose gewürfelte Tomaten
Salz
frisch gemahlener schwarzer Pfeffer
½ TL Zucker
4 mittelgroße Paprikaschoten
Abrieb von ½ Zitrone
1 Packung veganer geriebener Käse

zusätzliches Grillgerät:
Kazan
Tandoor-Backstein
3-lagiger Grillrost

Zubereitung:
Mit heißer Gemüsebrühe die Sojaschnetzel einweichen. In der Zwischenzeit den Knoblauch und die Zwiebel klein würfeln. Die Kräuter fein hacken.

Den Tandoor anfeuern und wenn er heiß ist, den Kazan auf den Tandoor stellen. Diesen gut erhitzen. 1 ordentlichen Löffel Öl in den Topf geben.

Die Sojaschnetzel absieben und im Kazan ordentlich anbraten. Nun Knoblauch, Zwiebel und Kräuter hinzugeben und alles für 3–4 Minuten anschwitzen. Im nächsten Schritt das Tomatenmark hinzufügen und alles für weitere 2–3 Minuten tomatisieren lassen. Als Nächstes mit dem Rotwein ablöschen, die Tomaten aus der Dose in den Topf geben und mit Salz, Pfeffer und etwas Zucker abschmecken. Die Mischung 20–25 Minuten vor sich hin köcheln lassen.

In der Zwischenzeit die Paprika halbieren, den Strunk entfernen und die Paprika putzen. Die Schoten mit der Schnetzel-Tomaten-Mischung füllen und mit Zitronenabrieb und veganem Käse bestreuen.

Den Kazan vom Tandoor nehmen. Nun den Tandoor-Backstein auf den mittleren Rost des 3-lagigen Grillrosts geben und die gefüllten Paprikahälften auf den Backstein legen. Das Ganze nun für ungefähr 10-15 Minuten in den Tandoor hängen und den Deckel schließen.

Tipp: Hierzu passt Reis und ein schönes, kräftiges Glas Rotwein.

Kazan

KAZAN

Der afghanische Kazan gilt als wahres Kochwunder. Mit seiner Doppelfunktion vereint er die Ursprünglichkeit eines klassischen Kazans mit den Vorzügen eines modernen Schnellkochtopfes und lässt so die Zubereitung verschiedenster Speisen zu.

In seiner Anwendung ist er einfach wie genial. Mit offenem Deckel lässt er sich sowohl auf dem Herd als auch im Freien im offenen Feuer als normalen Topf verwenden. Verschließt man den afghanischen Kazan, profitiert man beim Kochen von den vielen Vorteilen eines Schnellkochtopfes. Zum einen behält das Essen wichtige Mineralstoffe und Vitamine, zum anderen können die Geschmacksstoffe nicht entweichen. Durch das hohe Druckerzeugnis werden Speisen zudem schneller gar. Dank der bis zu 1,2 Zentimeter dicken Alugusswände leitet und speichert der Kazan schnell die Wärme und hält diese für eine längere Zeit. Auch zeichnet sich das Alugussmaterial durch seine robuste Antihaftbeschichtung und die dadurch leichte Reinigung aus.

Der afghanische Kazan glänzt in der Zubereitung der Speisen mit Vielfalt. Man kann in ihm braten, schmoren und kochen. Dadurch bietet er eine breite Palette an Gerichtsvariationen. Suppen, Gulasch oder Eintöpfe sowie klassisch östliche Gerichte wie Plov (Pilaw) oder Beschbarmak werden im afghanischen Kazan im Handumdrehen zum Kinderspiel.

RINDERROULADE
gefüllt mit Kürbis und Ricotta

4 PERSONEN

Zutaten:
4 große Rinderrouladen (à ca. 100–120 g)
Salz
frisch gemahlener schwarzer Pfeffer
200 g Kürbis, fein gewürfelt
200 g Ricotta
50 g Walnüsse, gehackt
1 Bund Suppengrün
2 EL Tomatenmark
1 Flasche trockener Rotwein
400 ml Rinderfond
6 Wacholderbeeren
4 Lorbeerblätter
1 EL Balsamicoessig

Außerdem:
Küchengarn

zusätzliches Grillgerät:
Kazan

Zubereitung:
Die Rinderrouladen auf einer Arbeitsfläche aus-
legen. Mit Salz und Pfeffer würzen. Kürbis, Ricotta und Walnüsse miteinander vermengen und auf
die Rinderrouladen aufteilen. Nun die Rouladen
zusammenrollen und mit dem Küchengarn zusammenbinden. Das Fleisch nun kurz beiseitestellen.

In der Zwischenzeit das Suppengrün fein schneiden und den Kazan erhitzen. Die Rinderrouladen
von allen Seiten scharf anbraten und dann kurz
rausnehmen. Nun das Gemüse in den Kazan geben und dieses 4–5 Minuten anrösten. Im nächsten Schritt das Tomatenmark hinzugeben und
3–4 Minuten weiterrösten.

Mit dem Rotwein und dem Rinderfond ablöschen.
Die Wacholderbeeren und Lorbeerblätter hin-
zugeben und mit Salz und Pfeffer abschmecken.
Nun die Rinderrouladen wieder in die Sauce hin-

eingeben. Im geschlossenen Kazan 1 Stunde und
15 Minuten vor sich hin köcheln lassen.

Zum Schluss die Rinderrouladen in einem Teller schön
anrichten. Final noch 1 EL Balsamicoessig in die Sauce
rühren, dann die Sauce auf die Teller geben.

Tipp: Hierzu passen ausgezeichnet Bandnudeln
oder ein cremiges Kartoffelpüree.

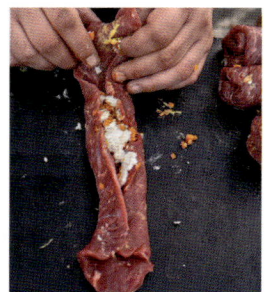

BAVARIAN STEW

4 PERSONEN

Zutaten:
Rapsöl
800 g Rindergulasch
1 Bund Suppengemüse
2 Knoblauchzehen
4 Lorbeerblätter
3 EL Tomatenmark
2 Flaschen Giesinger Dunkel
500 ml Rinderfond
frisch gemahlener schwarzer Pfeffer
Salz
etwas gemahlener Koriander

zusätzliches Grillgerät:
Kazan

Zubereitung:
Den Tandoor-Grill anheizen und den Kazan darauf gut erhitzen, sodass dieser so richtig heiß ist. Sobald der Kazan heiß ist, einen guten Schuss Öl hineingeben.

Das Rindergulasch von allen Seiten kräftig im Kazan anbraten, dann rausholen und abgedeckt beiseitestellen. Nun das Suppengemüse klein würfeln und in den Kazan geben und kurz andünsten. Währenddessen die Knoblauchzehen fein würfeln und zusammen mit dem Rindergulasch zum Suppengemüse geben.

Als Nächstes die Lorbeerblätter und das Tomatenmark hinzufügen und tomatisieren lassen. Mit 1 Flasche Bier ablöschen und etwas einreduzieren lassen. Den Rinderfond in den Kazan gießen und mit Pfeffer, Salz und Koriander abschmecken.

Für 30–45 Minuten bei geschlossenem Deckel vor sich hin köcheln lassen. Sobald die Flüssigkeit verdunstet ist, immer wieder mit etwas Bier aufgießen.

Den Stew insgesamt 1,5 Stunden auf dem Grill köcheln lassen. Sobald das Fleisch zart ist, den Stew auf einem tiefen Teller schön anrichten.

Tipp: Knödel, Spätzle oder Kartoffel-Wedges runden dieses Gericht wunderbar ab. Dazu schmeckt ein schönes Glas dunkles Bier.

ADANA-WRAP

4 PERSONEN

Zutaten:
600 g Kalbshackfleisch
1 große Zwiebel
2 Knoblauchzehen
1 Ei
1 TL Senf
Salz
frisch gemahlener schwarzer Pfeffer
etwas Paprikapulver
150 ml Milch
1 Brötchen vom Vortag
1 kleiner Rotkohl
1 Becher saure Sahne
1 Orange
4 Tortillas (S. 65)

zusätzliches Grillgerät:
4 Schaschlikspieße
FLARE-Grill

Zubereitung:
Das Kalbshackfleisch in eine Rührschüssel geben. Zwiebel und Knoblauch fein würfeln. Das Zwiebel-Knoblauch-Gemisch in einer Pfanne oder auf dem FLARE anbraten. Kurz abkühlen lassen und dann zum Hackfleisch geben. Nun ein Ei in die Hack-Zwiebel-Masse schlagen. Senf, Salz, Pfeffer und Paprikapulver hinzugeben und abschmecken.

Währenddessen die Milch erwärmen und das Brötchen darin einweichen. Die Hack-Zwiebel-Masse mit dem eingeweichten Brötchen verkneten, sodass eine homogene Masse entsteht.

Danach die Masse abgedeckt für circa 1 Stunde in den Kühlschrank stellen.

Den Tandoor-Grill auf 200–220 °C vorheizen. Das Hackfleisch auf 4 Schaschlikspieße kleben, sodass die Form einer Wurst entsteht. Für circa 8–10 Minuten in den Tandoor-Grill hängen.

In der Zwischenzeit den Rotkohl klein schneiden, salzen und mit der sauren Sahne vermengen. Den Saft der Orange hinzugeben und mit Salz und Pfeffer abschmecken.

Die Wraps kurz von beiden Seiten auf dem FLARE angrillen. Von dem Rotkohlsalat etwas auf jeden Wrap geben und jeweils einen fertigen Spieß mittig auf den Salat legen. Jeden Wrap eng aufrollen.

Tipp: Hierzu schmeckt gut ein Raki auf Eis.

CURRY
mit Seeteufel, Banane und Rote Bete

4 PERSONEN

Zutaten:
600 g Seeteufelfilet
1 Banane
200 g Rote Bete (gekocht)
Salz
frisch gemahlener Zitronenpfeffer
400 ml Kokosmilch
1 EL gelbe Currypaste
etwas frischer Koriander

zusätzliches Grillgerät:
Tännchen (»Ёлочка«)

Zubereitung:
Das komplette Seeteufelfilet in je 2 cm und die Banane in 1 cm dicke Scheiben schneiden. Die Rote Bete in circa 1 cm große Würfel schneiden.

Nun den Seeteufel mit Salz und Pfeffer würzen und den Fisch auf dem Tännchen aufspießen.

In der Zwischenzeit die Kokosmilch und die Currypaste miteinander verrühren und die Flüssigkeit unten in die Auffangschale des Tännchens füllen. Die Bananenstücke und Rote-Bete-Würfel ebenfalls dort hineingeben.

Den Seeteufel samt Tännchen für circa 10 Minuten bei circa 200 °C in den Tandoor hineinhängen.

Nach Ablauf der 10 Minuten alles herausholen, vom Curry etwas in einen tiefen Teller geben und pro Portion 2 Scheiben Seeteufel auflegen.

Mit frischem Koriander dekorieren.

Tipp: Dazu passt sehr gut Naturreis oder Naan-Brot.

NAAN-BROT
aus dem Amphora Tandoor

4 PERSONEN

Zutaten:
1 TL Trockenhefe
1 TL Zucker
200 g Mehl Type 405
½ TL Backpulver
Salz
1 EL Pflanzenöl
1 EL Naturjoghurt
3 EL Milch

Außerdem:
Brotbackstempel
Brotbackhandschuhe

Zubereitung:
Trockenhefe und Zucker mit 2 EL warmem Wasser verrühren und für circa 20 Minuten an einem warmen Ort stehen lassen, bis es anfängt zu schäumen.

In der Zwischenzeit das Mehl mit dem Backpulver, 1 Prise Salz, Öl, Joghurt und Milch verrühren. Anschließend die Hefelösung hinzugeben und das Ganze für circa 10 Minuten mit den Händen gut durchkneten, bis der Teig weich und geschmeidig ist.

Den Teig in der Schüssel mit einem feuchten Tuch abdecken und für circa 1–2 Stunden ruhen lassen, bis sich das Volumen des Teiges vergrößert hat.

In der Zwischenzeit den Tandoor auf 250 °C aufheizen.

Den aufgegangenen Teig in mehrere Portionen aufteilen und diese zu Fladen ausrollen. Dann mit einem Brotbackstempel ein Muster eindrücken.

Anschließend die Fladen mit Brotbackhandschuhen (z. B. von Amphora Tandoors) an die Innenseite des aufgeheizten Ofens kleben.

Wenn das Brot sich wölbt und eine gebräunte Farbe hat, mit dem Tandoor-Haken rausholen.

Tipp: Das Naan-Brot passt perfekt zu Currys, Fleisch oder Aufstrichen und Dips.

Brotbackstempel sehen nicht nur schön aus, sie haben auch einen Nutzen: Wenn der Teigfladen in der Mitte platt gedrückt ist, haftet er nämlich besser an der Innenseite des Ofens. Außerdem sorgt der Stempel dafür, dass der Fladen gleichmäßig aufgeht und auch die Ränder schön fluffig werden. Brotbackstempel wie den im Bild bekommt ihr beispielsweise bei Amphora Tandoors.

FLARE-GRILL

Das Grillen auf Feuerplatten erfreut sich immer größerer Beliebtheit, und das zu Recht. Die Vorteile einer Feuerplatte gegenüber einem gewöhnlichen Grillrost liegen besonders in der vielseitigen Zubereitung verschiedenster Zutaten.

Der FLARE-Grill bietet genau für diesen Zweck eine speziell vorgespannte Grillplatte, die eine leichte Neigung zur Feuerstelle bietet. Das überschüssige Fett kann dadurch direkt zur Mitte ablaufen und nichts tropft über die Platte hinaus. Trotzdem ist es auch möglich, auf dem Grill flüssiges Grillgut wie zum Beispiel Spiegeleier oder Palatschinken zuzubereiten.

Die große Vielfalt an Möglichkeiten eröffnet neue Wege in allen Bereichen des Lebens. Sowohl privat als auch beruflich kann man den FLARE-Grill an seine Bedürfnisse anpassen. Die Besonderheit liegt dabei nicht nur in der Grillplatte selbst, sondern auch in den Eichenholzgriffen, die sowohl einen Verbrennungsschutz als auch die Möglichkeit der Erweiterung durch verschiedenstes Zubehör bieten.

Möchte man den Grill jetzt lieber privat mit der Familie benutzen, ist es besser, das Zubehör so anzuordnen, damit man die vollen 360-Grad-Grillmöglichkeiten nutzen kann. Für die Gastronomie benötigt man eine richtige Arbeitsstation. Dafür kann man ganz einfach die FLARE-Multibrett-Aufsätze mit dem Edelstahlauszieher passend für alle 1/6-GN-Behälter verwenden. Diese kann man beliebig mit Eckverbindungen oder Baraufsätzen verbinden, um die perfekte Präsentation gegenüber dem Gast zu erzielen.

Für zusätzliche Grillmöglichkeiten bietet sich hier das modulare System der FLARE-80-Feuerplatte an. Die kann mit ein paar Handgriffen samt Feuerschale auf den Grillblock gehoben werden und bietet eine große Arbeitsplatte und darunter viele Verstaumöglichkeiten.

Es ist eine nervige Angelegenheit beim Grillen, wenn einem ständig der Rauch ins Gesicht bläst. Dafür hat FLARE eine auf dem Markt einzigartige Lösung geschaffen. Der Ofenrohreinsatz (kombinierbar mit Grillplatte oder Rost über dem Feuer) wird mit den speziellen Laschen in die mittlere Grillöffnung eingesetzt und kann so trotz einem ein Meter langen Rauchrohr nicht umfallen. So werden Unfälle und Verletzungen vermieden.

Die ganze Branche bewegt sich wieder mehr in Richtung Holz und Kohle, weg von Gas. FLARE unterstützt diese Bewegung und versucht, einen Beitrag mit Mehrwert zu leisten.

350°C   150°C   100°C

FLARE-Grill

REHNÜSSCHEN
mit Kräuterseitlingen und Cranberrykompott

4 PERSONEN

Zutaten:
etwas Rapsöl
Meersalz
500 g Rehfleisch aus der Keule
ein paar Zweige frischer Thymian
etwas Butter
300 g Kräuterseitlinge
1 Bund Petersilie
Olivenöl

Cranberry-Apfel-Kompott (S. 132)
BBQ-Sauce (S. 191)

Zubereitung:
Die Feuerplatte aufheizen.

Die Feuerplatte etwas einölen und die beidseitig gesalzene Oberschale auf beiden Seiten etwa 4 Minuten grillen. Auf den Aufsatz über der Feuerplattenöffnung ein paar Thymianzweige legen. Das Fleisch beidseitig mit etwas flüssiger Butter einpinseln, auf den Thymian betten und auf eine Kerntemperatur von 54 °C ziehen lassen.

Die Kräuterseitlinge der Länge nach in etwa 0,5 cm breite Streifen schneiden und auf der Feuerplatte anrösten. Währenddessen die Petersilie hacken.

Die fertig gerösteten Seitlinge in eine Schüssel geben mit etwas Olivenöl und Meersalz abschmecken und mit der gehackten Petersilie vermengen.

Das Fleisch in Tranchen aufschneiden und mit dem Cranberry-Apfel-Kompott und BBQ-Sauce servieren.

Tipp: Bei diesem Gericht brate ich die einzelnen Fleischteile immer im Ganzen.

Außerdem gut zu wissen: Für dieses Gericht lassen sich alle Teile aus der Keule wie Oberschale, Unterschale und Nuss verwenden.

TORTILLAS

WILD WRAP

ERGIBT CA. 8 TORTILLAS

Zutaten:
300 g Weizenmehl Type 405
   + etwas mehr für die Arbeitsfläche
1 TL Backpulver
1 TL Salz
120 ml Wasser
4 EL Rapsöl

2 PERSONEN

Zutaten:
300 g Wildfleisch von der Keule
Meersalz
1 Romanasalat
100 g Erdnüsse
4 Tortilla-Fladen
Trüffelketchup
   (von BAVARIAN SAUCE COMPANY,
   Menge nach Belieben)

Zubereitung:
In einer Schüssel das Mehl mit dem Backpulver und dem Salz vermengen. In der Mitte eine Mulde machen und das Wasser und das Öl eingießen. Nun einen geschmeidigen Teig kneten. Sollte Flüssigkeit fehlen, einfach etwas Wasser dazugeben. Ist der Teig zu feucht geraten, etwas zusätzlich Mehl beigeben. Den Teig zu einer runden Kugel formen und gekühlt etwa 20 Minuten ruhen lassen.

Auf einer bemehlten Fläche nun portionsweise mit einem Nudelholz dünn auf die gewünschte Größe auswalken.

Die Fladen nacheinander auf die Grillfläche legen und auf jeder Seite etwa 2–3 Minuten grillen.

Gut zu wissen: Tortillas sind runde Teigfladen und finden ihren Ursprung in Mittel- und Südamerika. In der traditionellen Herstellung, die relativ aufwendig ist, wird trockener Mais unter anderem mit Holzasche oder gebranntem Kalk gekocht und nach weiteren Schritten in speziellen Maismühlen vermahlen.

Diese Qualität von Maismehl mit dem speziell nussigen Aroma bekommt man bei uns in Europa eigentlich nur über den Onlinehandel. Als Alternative können wir uns aber mit unserem Weizenmehl behelfen.

Zubereitung:
Die Feuerplatte anheizen.

Das Fleisch in portionsgerechte Happen schneiden, mit Meersalz würzen und auf der Feuerplatte rosa grillen.

Den Romanasalat in Streifen schneiden und die Erdnüsse fein hacken.

Die Tortilla-Fladen nur leicht auf der Feuerplatte anwärmen, mit Fleisch und Salat belegen. Etwas Erdnüsse drüberstreuen, Trüffelketchup nach Geschmack dazugeben und einrollen.

Tipp: Hierzu passt gut ein kühles Radler.

Schlachtung mit Achtung

SCHLACHTUNG MIT ACHTUNG

Pflanzen, Tiere und Menschen – alles Lebewesen,
irgendwie eingebunden in einen Zyklus von fressen und
gefressen werden.

Was isst man als selbstverantwortlicher Mensch? Für was entscheidet sich der Einzelne? Mit welcher Entscheidung ist man mit sich im Reinen? Was möchte man möglichst nicht essen? Wie wird das jeweilige Lebensmittel erzeugt? Was steht dahinter und wo kommen wir ins Spiel?

Mit diesen Fragen hat sich die IG Schlachtung mit Achtung über die Jahre auseinandergesetzt.

Aus unterschiedlichen Beweggründen haben sich Thomas Mayer und Sandra Kopf dem Tierschutz in der Schlachtung verschrieben. Der Ansatz am »Ende der Kette« war für sie keine Frage, sondern von Anfang an klar. Denn auch wenn sich in der Tierhaltung schon einiges im Vergleich zu früher getan hat (früher waren die Bedingungen für die Tiere oft noch problematischer: angebunden in niederen Ställen und meist noch als Arbeitstier eingesetzt – das war das Schicksal vieler Rinder), gibt es immer noch viel zu tun. Heute sind es allerdings andere Faktoren – vor allem die hohe Zahl der gehaltenen Tiere, bei denen das Individuum schnell aus dem Fokus gerät –, die es anzupacken und zu verändern gilt. Was sich nämlich bei allen Veränderungen in den Haltungsformen nicht angepasst hat, ist die Schlachtung.

Für Thomas Mayer und Sandra Kopf waren frühere Erlebnisse ausschlaggebend, sich mit diesem Tabuthema zu befassen. Bei Thomas Mayer war es sein erstes Mal in einem Großschlachthof, für Sandra Kopf eine Verladeszene, die sich ihnen ins Gedächtnis eingebrannt haben. Thomas hat sich inzwischen seinen Traum von einem Aussiedlerhof mit Pferden erfüllen können und hält dazu auch eine kleine Rinderherde. So wurde er schließlich wieder mit der Schlachtung konfrontiert. Bei Sandra, die gar keine Rinder hält, war es einfach der Wunsch, etwas zu ändern.

Das erste Zusammentreffen an einem sonnigen Oktobertag 2012 fand auf einer Rinderweide statt und war der Startpunkt einer ganz besonderen Zusammenarbeit. An diesem 4. Oktober war zufällig der jährliche Welttierschutztag – ein symbolisches Datum und in gewisser Weise auch ein gesellschaftliches Armutszeugnis, dass es einen solchen Tag überhaupt geben muss.

Zum Zeitpunkt des Kennenlernens war die einzige Möglichkeit, Rinder ohne Transport zu schlachten, der Kugelschuss. Dieses Verfahren allerdings ist nur bei Tieren erlaubt, die das ganze Jahr im Freien leben. Hintergrund ist, dass solche Tiere schneller verwildern als ihre Artgenossen aus anderen Haltungsformen und daher auch schwieriger im Umgang sind.

Für alle anderen Tiere galt: Ein Tier muss lebend in den Schlachthof. So bis dato das Gesetz.

Bestimmend für Sandra und Thomas war die Frage: »Was müssen wir tun, damit es erlaubt wird, Tiere in ihrer gewohnten Umgebung, also ohne Transport, zu betäuben und zu töten?«

Trotz der zwei Stunden Fahrt, welche die beiden trennen, haben sie an der Umsetzung ihres Ansinnens gearbeitet. Ein Antrag auf hofnahe Schlachtung wurde gestellt, eine Probeschlachtung durchgeführt und vom Amt zwar als gelungen, jedoch als zu »rudimentär« eingeschätzt. Jetzt waren die Behörden am Zug, die Frage zu beantworten, wie man eine hofnahe Schlachtung denn gesetzeskonform umsetzen könnte. Ein Termin im Ministerium im Stuttgart brachte die Wende. Der damalige Amtschef (und selbst Tierhalter) nahm den Antrag mit nach Brüssel zur grünen Woche und es wurde entschieden, dass sich die Bundesländer in einer Arbeitsgruppe mit dieser Frage beschäftigen sollten. Die Verantwortlichkeit oblag der Gruppe aus Baden-Württemberg.

Nach fast zwei Jahren der Aufarbeitung des Themas hat die Gruppe mit der eindrücklichen Bezeichnung *AFFL-Gruppe der Arbeitsgruppe Fleisch- und Ge-*

flügelfleischhygiene und fachspezifische Fragen von Lebensmitteln tierischer Herkunft der Länderarbeitsgemeinschaft Verbraucherschutz, (fünf Jahre nach Gründung der IG) beschlossen, dass es unter bestimmten Bedingungen erlaubt wird.

EIN MEILENSTEIN!

Was die beiden kaum zu hoffen wagten wurde wahr! Jedoch waren an den Erlass Vorgaben geknüpft, die zuerst als unlösbar erschienen. Die Schlachteinheit musste über Türen, Wände und Decke verfügen und zum Zeitpunkt der Schlachtung geschlossen sein, so die Forderung. Der Kopf des Tieres müsse fixiert sein und die Betäubung per Bolzenschuss erfolgen. Nach der Betäubung per Bolzenschuss auf der offenen Weide hätte man also vorschriftsgemäß noch 60 Sekunden Zeit, das Tier in die Schlachteinheit zu bringen und dort per Entbluteschnitt, sprich Blutentzug, zu töten. Das Tier käme also LEBEND in den Schlachthof (die Schlachteinheit gilt als mobile Außenstelle eines zugelassenen stationären Schlachthofs) und stirbt dann in der Schlachteinheit.

Wie aber bekommt man ein betäubtes Tier in dieser kurzen Zeit in einen geschlossenen Raum? Thomas Mayer hatte die zündende Idee: »Wir ziehen das Rind in einem Fressgestell in einen Wagen!«, rief er. Die Idee war geboren und in Peter Brandmeier, einem Freund von Thomas Mayer, war auch schnell ein Konstrukteur gefunden, der sich an die technische Umsetzung gewagt hat. Er hat auch den Hauptanteil der Finanzierung übernommen und mit Fraktionsmitteln der Grünen konnte der Bau begonnen werden.

Für die IG war das Hauptaugenmerk, dass keinerlei Manipulation an dem Tier ausgeübt wird und die Schlachtung nur stattfindet, wenn das Tier freiwillig in die Fangeinheit geht. Das heißt »Schlachtung mit Achtung« – kein Zwang, keine Gewalt.

Und so funktioniert es: Das angefütterte Rind kommt zum Fressen an die Futterwanne, wird dort mit einem Bolzenschuss betäubt und in der Fangeinheit unmittelbar in den Hänger gezogen, wo es mit einem Bruststich getötet wird. Eine Vi-

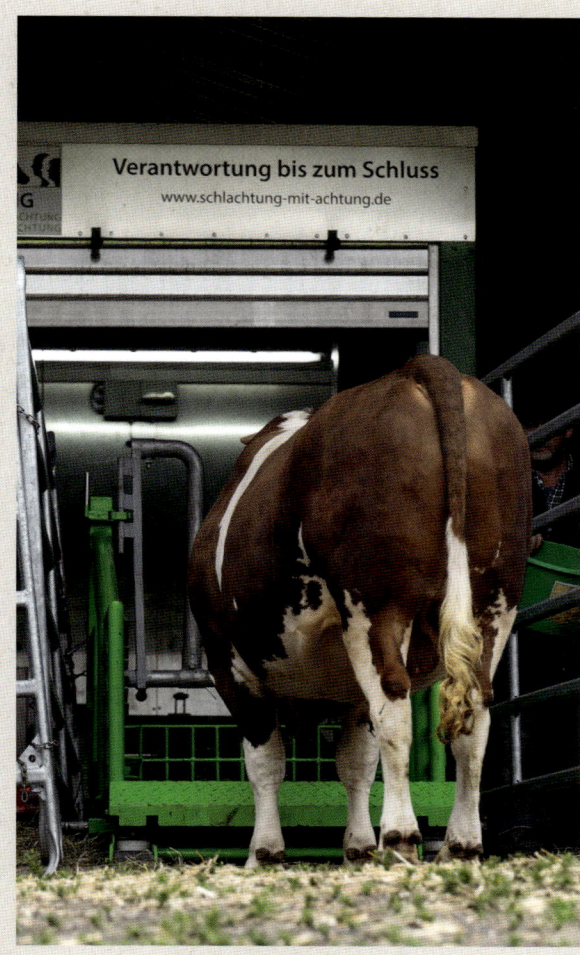

Mittlerweile ist schon die nächste Entwicklung fertig: eine Adaption für die bestehende Einheit, die es ermöglicht, nun nicht mehr nur Rinder, sondern auch bis zu vier Schweine ohne Angst und Furcht zu schlachten.

Schlachtung mit Achtung ist nicht nur Tierschutz, es ist auch Menschenschutz. Es gibt nämlich praktisch keine Verladeunfälle mehr.

Der Landwirt behält seine Verantwortung für das Tier bis zum Ende und der Verbraucher erhält ein ethisch wertvolles Produkt von hoher Qualität, das den Begriff *regional* wirklich verdient hat. In der Region aufgewachsen, ohne Transport geschlachtet, in der Region verarbeitet und vermarktet – diese Strukturen gilt es auf- und auszubauen.

Die Herausforderung einer zukunftsträchtigen Landwirtschaft besteht darin, in Kreisläufen und Netzwerken zu denken und zu handeln.

Das Lebensmittel Fleisch bedarf mehr Wertschätzung und ebenso das Lebewesen, das dahintersteht. Ein Umdenken muss stattfinden – fangen wir damit an ...

Alle Infos unter www.schlachtung-mit-achtung.de

deokamera nimmt den ganzen Prozess auf. Geht das Tier nicht von selbst in das Fanggitter, gibt es keine Schlachtung. Dieser gläserne Ablauf ist eines der Hauptargumente: Transparenz bis zum Sch(l)uss! Ein Tod mit dem letzten Bissen Gras in gewohnter Umgebung.

Im Sommer 2018 war es endlich so weit. Die Präsentation der ersten teilmobilen Schlachteinheit für Rinder war ein mediales Ereignis. Kopf und Mayer haben SMA über die Jahre ehrenamtlich vorangetrieben, unzählige Termine absolviert, Gespräche mit Wissenschaftlern, Fachleuten, Landwirten, Behörden, Verbrauchern und Metzgern geführt und wurden 2019 mit dem Tierschutzpreis des Landes Baden-Württemberg ausgezeichnet. Tierschützer, die sich für die Schlachtung einsetzen – für viele eher eine Antithese.

OCHSENKOTELETT
am FLARE-Galgen

4 PERSONEN

Zutaten:
1 Ochsenkotelett (ca. 2 kg)
500 g Zuckerschoten
100 g Knoblauchbutter
Salz
frisch gemahlener schwarzer Pfeffer
2 Tomaten

Zubereitung:
Als Erstes Holz in den FLARE-Grill legen und so richtig einheizen. Danach den Galgen ansetzen. Wenn die Flammen so richtig schön lodern, das Ochsenkotelett mit der Kette an den Galgen hängen. Das Fleisch zunächst so hoch wie möglich hängen; später, wenn die Flammen etwas runtergehen, die Kette entsprechend nachregulieren und das Fleisch etwas tiefer platzieren.

Das Kotelett circa 45 Minuten hängen lassen, damit das Fleisch ein schönes Aroma vom Rauch bekommt. Dann das Ochsenkotelett abhängen und im Caveman-Style circa 4–6 Minuten von jeder Seite im offenen Feuer aufs Holz legen.

Nun das Steak aus den Flammen holen und auf dem FLARE-Grill auf die Seite legen, damit es dort etwas nachziehen kann.

In der Zwischenzeit die Zuckerschoten putzen, mit etwas Knoblauchbutter auf dem FLARE-Grill anbraten und mit Salz und Pfeffer abschmecken.

Die Tomaten halbieren und ebenfalls mit etwas Knoblauchbutter angrillen.

Im finalen Schritt die Zuckerschoten auf den Tellern mit je ½ Tomate schön anrichten. Dann das Ochsenkotelett vom Knochen lösen und in Tranchen schneiden. Mit Salz und Pfeffer würzen und auf dem Gemüse anrichten.

Tipp: Hierzu passt gut ein Glas Merlot und als Beilage passen Grillkartoffeln mit Kräuterquark.

FLARE-Grill

RINDFLEISCHSALAT 2.0

2 PERSONEN

Zutaten:
1 Ananas
1 rote Paprika
1 rote Zwiebel
1 Frühlingszwiebel
1 Flanksteak
50 ml Olivenöl
1 EL brauner Zucker
50 ml Granatapfelessig
1 TL geröstete Koriandersamen
Zitronenpfeffer
Salz
optional: 1 Chilischote
Murray-River-Salz

Zubereitung:
Die Ananas halbieren und das Fruchtfleisch vorsichtig auslösen. Die ausgehöhlten Ananashälften erst einmal zur Seite legen. Den Strunk der Ananas herausschneiden und das Fruchtfleisch in mundgerechte Stücke schneiden. Nun die rote Paprika, die rote Zwiebel und die Frühlingszwiebel klein würfeln und ebenfalls beiseitestellen.

In der Zwischenzeit den FLARE-Grill erhitzen und das Flanksteak von beiden Seiten ungefähr 5 Minuten anbraten. Danach auch das Fleisch erst einmal beiseitestellen und ruhen lassen.

In der Zwischenzeit ein bisschen Öl und Zucker auf dem FLARE-Grill karamellisieren. Dann Ananas, Paprika, rote Zwiebel und Frühlingszwiebeln dazugeben. Bei hoher Hitze karamellisieren.

Dann alles in einer Schüssel mit dem Granatapfelessig, Öl und den gerösteten Koriandersamen vermischen. Mit Zitronenpfeffer und Salz (und Chili nach Belieben) abschmecken und auf die beiden ausgehöhlten Ananashälften aufteilen.

Das Flanksteak in Tranchen schneiden und mit Murray-River-Salz würzen, um es im finalen Schritt auf die Ananashälften zu geben.

Guten Appetit!

Tipp: Ein Glas kräftiger Rotwein passt perfekt dazu.

GRILLED-CHEESE-SANDWICH
mit Spider Steak

2 PERSONEN

Zutaten:
1 Spider Steak
50 g glatte oder krause Petersilie
50 g Schnittlauch
50 g Liebstöckel
1 Knoblauchzehe
1 mittelgroße Tomate
1 TL Abrieb von 1 Zitrone
50–75 ml Olivenöl
Salz
frisch gemahlener schwarzer Pfeffer
etwas Zucker
4 Scheiben Toastbrot
8 Scheiben würziger Käse
   (z. B. Cheddar)
Murray-River-Salz

Zubereitung:
Den FLARE-Grill mit Holz einheizen. Das Spider Steak bei großer Hitze von beiden Seiten circa 2 Minuten angrillen. Danach das Fleisch bei indirekter Hitze am äußeren Rand des FLARE-Grills circa 10 Minuten ziehen lassen.

In der Zwischenzeit die Petersilie, den Schnittlauch, den Liebstöckel und den Knoblauch fein hacken. Den Strunk der Tomate entfernen und die Tomate klein würfeln. Nun alles zusammen mit dem Zitronenabrieb, Olivenöl, Salz, Pfeffer und Zucker abschmecken. Dieses Kräuterpesto nun erst einmal beiseitestellen.

Das Toastbrot mit je 2 Scheiben Käse auf dem Grill von beiden Seiten angrillen, bis der Käse verläuft.

Nun einen ordentlichen Löffel des Kräuterpestos auf die Mitte jedes Tellers geben. Das Steak vom Grill nehmen, kurz ruhen lassen und mit Murray-River-Salz würzen. Danach das Fleisch in Tranchen schneiden und auf das Pesto geben. Mit den Grilled-Cheese-Sandwiches servieren.

Tipp: Wer es ein wenig würziger mag, kann auch gerne ein wenig frischen Chili dazugeben. Und wer diesen Geschmack noch durch einen Cocktail abrunden möchte, sollte hier auf einen Caipirinha nicht verzichten.

KACHELFLEISCH
küsst Asien

2 PERSONEN

Zutaten:
4 Spring-Roll-Platten
100 g Weißkohl
1 Thai-Chilischote
2 Frühlingszwiebeln
1 rote Zwiebel
4 Stücke Kachelfleisch vom Schwein
   (ca. 500 g, z. B. von YOURBEEF)
Salz
frisch gemahlener schwarzer Pfeffer
50 g Sojasprossen
1 EL schwarzer Sesam + etwas mehr für
   die Wasabi-Mayonnaise
2 EL Sojasauce
   (z. B. Soy & Soul – Original)
2 EL Hoisin-Sauce
2 EL geröstetes Sesamöl + etwas mehr
   für die Wasabi-Mayonnaise
2 EL Korean-BBQ-Sauce
150–200 ml Sonnenblumenöl
1 kleine Tube Wasabi-Paste
100 ml Mayonnaise

zusätzliches Grillgerät:
geschmiedeter Wok oder tiefe Pfanne

Zubereitung:
Die Spring-Roll-Platten nach Gebrauchsanweisung vorbereiten und fürs Erste beiseitestellen. Den Weißkohl, die Thai-Chilischote, die Frühlingszwiebeln sowie die rote Zwiebel in feine Streifen schneiden und auch diese erst einmal zur Seite legen.

Das Kachelfleisch mit Salz und Pfeffer würzen und von allen Seiten 5–6 Minuten auf dem FLARE scharf angrillen.

In der Zwischenzeit den Weißkohl, die Sojasprossen, die Frühlingszwiebeln, die Thai-Chili und die rote Zwiebel in einer Wok-Pfanne oder einer anderen tiefen Pfanne anschwitzen. Das Gemüse in einer Schüssel mit dem Sesam, der Sojasauce, der Hoisin-Sauce, dem Sesamöl und der Korean-BBQ-Sauce vermengen.

Dann das Kachelfleisch vom Grill holen, klein würfeln und dazugeben.

Das Ganze nun auf die vier Spring-Roll-Platten aufteilen und je zu 1 kompakten Rolle wickeln. Währenddessen die Wok-Pfanne oder die tiefe Pfanne auf dem Grill mit ungefähr 150–200 ml Sonnenblumenöl erhitzen und die Frühlingsrollen darin von allen Seiten knusprig anbraten.

In der Zwischenzeit das Wasabi mit der Mayonnaise vermengen. Mit ein wenig geröstetem Sesamöl und Sesam abschmecken.

Zuletzt die Wasabi-Mayonnaise-Mischung mittig auf einem Teller anrichten – ein Klecks genügt –, und je 2 Frühlingsrollen dazugeben.

Tipp: Den Geschmack kann man durch karamellisierten Pak Choi oder einen Glasnudelsalat noch abrunden.

GEFÜLLTES POLLO FINO
auf Perlgraupenrisotto

2 PERSONEN

Zutaten:
1 Bund gemischte Kräuter
150 ml Olivenöl
Salz
frisch gemahlener schwarzer Pfeffer
4 Pollo Fino
1 EL Rub Greek Style
1 kleine Zwiebel
300 g Perlgraupen
200 ml Weißwein
200 ml Gemüsebrühe
50 g gehackte Walnüsse
150 g Ziegenkäserolle

zusätzliches Grillgerät:
Gusseisenpfanne
SKOTTI-Grill mit Deckel

Zubereitung:
Die Kräuter fein hacken. Ein Drittel der gehackten Kräuter für später beiseitestellen und zwei Drittel der gehackten Kräuter mit Olivenöl, Salz und Pfeffer abschmecken. Dieses Kräuter-Öl-Gemisch ebenfalls erst einmal beiseitestellen.

Nun das Pollo Fino auf der Fleischseite mit dem Rub würzen. Dann die Pollo-Fino-Stücke mit dem Kräuter-Öl-Gemisch füllen. Verschließen und die Hautseite mit dem Rub würzen.

Den SKOTTI-Grill in Betrieb nehmen und die Gaszufuhr auf zwei Drittel einregeln. Die Pollo Fino für circa 10 Minuten in den SKOTTI-Grill geben. Anschließend denn SKOTTI-Grill auf ein Drittel der Gaszufuhr runterregulieren und das Pollo Fino bei geschlossenem Deckel weitere 15 Minuten ziehen lassen.

In der Zwischenzeit die Zwiebel würfeln und mit ein bisschen Öl in der Gusseisenpfanne auf dem FLARE-Grill anbraten. Die Perlgraupen hinzu-

geben und für weitere 2–3 Minuten anschwitzen. Nun mit Weißwein und Gemüsebrühe ablöschen und circa 20 Minuten leicht köcheln lassen. Zum Schluss die restlichen Kräuter, Walnüsse und den Ziegenkäse dazugeben. Das Perlgraupenrisotto weitere 4–5 Minuten köcheln lassen.

Das Risotto auf 2 Schüsseln oder tiefe Teller aufteilen. Das Pollo Fino halbieren und auf dem Risotto anrichten.

Tipp: Man kann gerne auch jedes andere Rub verwenden. Besonders abgerundet wird der Geschmack noch, indem man einen Klecks seiner Wahl-BBQ-Sauce zum Fleisch gibt.

FLARE-Grill

SLOPPY JOE
à la Kalle

2 PERSONEN

Zutaten:
300 g Rinderhackfleisch
etwas Öl (z. B. Sonnenblumenöl)
1 Zwiebel
50 ml Rotwein
200 ml Bavarian BBQ-Sauce
8 Scheiben Toastbrot
4 Scheiben roter Cheddar
4 Scheiben Edamer
Salz
etwas Cayennepfeffer
etwas Mayonnaise
ein paar Blätter Salat

Zubereitung:
Zuerst Holz in den FLARE-Grill legen und richtig einheizen. Eine Gusseisenpfanne oder einen Dutch auf den FLARE-Grill stellen und das Rinderhackfleisch mit ein bisschen Öl kross anbraten.

In der Zwischenzeit die Zwiebel klein würfeln und zum Rinderhack dazugeben. Das Ganze für 2 Minuten noch einmal anschwitzen, um es dann mit dem Rotwein abzulöschen. Nun die BBQ-Sauce dazugeben. Dies wird der Sloppy Joe.

8 Scheiben Toastbrot, wenn möglich mit einem runden Ausstecher, ausstechen. Wenn ein solcher nicht zur Hand ist, die Brotscheiben mit einem Messer zurechtschneiden.

Nun pro »Burger« 4 Scheiben Toast mit je 1 Scheibe Cheddar und Edamer belegen, die anderen 4 Scheiben Toast darauflegen und die 4 »Sandwiches« so lange auf dem Grill von beiden Seiten anrösten, bis der Käse verläuft.

Nun das Sloppy Joe mit Salz und Pfeffer abschmecken.

Je 2 »Sandwiches« dienen als Boden des »Burgers« und 2 »Sandwiches« als Deckel. Jetzt alle 4 Doppelscheiben Toast auf einer Seite mit 1 EL BBQ-Sauce und 1 EL Mayonnaise bestreichen.

Auf die 2 »Burger-Böden« nun ein bisschen Salat legen und eine ordentliche Schöpfkelle vom Sloppy Joe oben draufgeben. Die 2 »Burger-Deckel« draufsetzen und genießen.

Tipp: Als Beilage empfiehlt sich hier ein grüner Salat oder ein Cole Slaw.

FISCHPFLANZERL
auf gegrilltem Kartoffelsalat

4 PERSONEN

Zutaten:
600 g kleine bunte Kartoffeln
Salz
etwas Sonnenblumenöl
2 Zwiebeln
2 EL gehackte Petersilie
etwas Essig
etwas Olivenöl
frisch gemahlener schwarzer Pfeffer
600 g Lachsforellenfilets
½ Bund Dill
2 EL Paniermehl
2 EL Joghurt
1 Ei
1 TL süßer Senf
Abrieb von 1 Zitrone

Zubereitung:
Die Kartoffeln waschen und circa 20 Minuten in Salzwasser kochen. Abgießen, die Kartoffeln halbieren und circa 6–7 Minuten mit etwas Sonnenblumenöl auf dem vorgeheizten FLARE angrillen. Dann in eine Schüssel geben.

1 Zwiebel klein würfeln und mit der Petersilie zu den Kartoffeln geben. Mit Essig, Olivenöl, Salz und Pfeffer abschmecken und beiseitestellen.

Die Lachsforellenfilets prüfen, ob sie grätenfrei sind, und von der Hautseite lösen. Mit einem großen Messer so fein wie möglich hacken oder mit einer Küchenmaschine zerkleinern und in eine Schüssel geben.

1 Zwiebel klein würfeln, den Dill fein hacken und beides mit dem Paniermehl, Joghurt, Ei und süßen Senf zur Fischmasse hinzugeben und alles gut miteinander vermengen. Abschließend den Zitronenabrieb hinzugeben und nochmals gut vermengen, bis eine glatte Masse entsteht.

Zu 4 gleich großen Pflanzerln formen und diese von beiden Seiten circa 4 Minuten angrillen. Die fertigen Pflanzerl mit dem Kartoffelsalat anrichten.

Tipp: Hierzu passt gut ein fruchtiges Pale Ale oder ein Roséwein.

LACHSFORELLE
mit Wasabi-Pastinaken-Stampf

2 PERSONEN

Zutaten:
2 Filets von der Lachsforelle
300 g Pastinaken
150 g Butter
250 ml Milch
Meersalz
etwas Hoisin-Sauce
1 EL Wasabi-Paste
Abrieb von 1 Limette
Sprossen der Saison

Zubereitung:
Die Feuerplatte aufheizen.

Die Lachsforellenfilets putzen und entgräten.

Die Pastinaken schälen und in kleine Würfel schneiden.

Einen gusseisernen Topf auf die heiße Feuerplatte stellen, etwas Butter beigeben und die Pastinakenwürfel leicht darin anbräunen. Mit der Milch aufgießen und in etwa 15 Minuten weich köcheln. Zwischendurch mehrmals umrühren. Bei Bedarf gegebenenfalls noch Milch nachgießen.

Aufpassen, dass die Temperatur der Feuerplatte nicht zu hoch ist, da ansonsten Milch und Pastinaken anbrennen.

Wenn die Pastinaken weich gekocht sind, parallel die Forellenfilets in etwa 6 Zentimeter breite Tranchen aufschneiden, salzen und auf der Hautseite langsam knusprig grillen.

Auf der Fleischseite den Fisch leicht mit etwas Hoisin-Sauce einpinseln.

Die Fischtranchen sind in etwa 5 Minuten fertig und sollten innen noch glasig sein.

Die Pastinakenwürfel nun mit einem Kartoffelstampfer zur gewünschten Konsistenz verarbeiten. Mit Salz und der Wasabi-Paste abschmecken.

Den Pastinakenstampf in der Tellermitte platzieren und den Fisch mit der Hautseite nach unten draufsetzen.

Etwas Limettenabrieb drübergeben und mit Sprossen der Saison garnieren.

Tipp: Sprossengemüse und Keimlinge runden das Gericht wunderbar ab. Sie enthalten zahlreiche Mineral- und Ballaststoffe, mehrfach ungesättigte Fettsäuren und Vitamine.

GEGRILLTES SUSHI
vom Waller

2 PERSONEN

Zutaten:
1 EL Rapsöl
400 g Wallerfilet
10 Dörrpflaumen
10 Streifen vom Bauchspeck
1 Limette
1 EL Sojasauce
  (z. B. Soy & Soul – Ponzu Shōyu)
1 Handvoll Sprossen der Saison

Zubereitung:
Die Feuerplatte anheizen und leicht einölen.

Das Wallerfilet in 2 cm dicke Tranchen schneiden und die Dörrpflaumen in der Mitte teilen.

1 Streifen Bauchspeck auflegen. 1 Stück Waller etwa 5 cm oberhalb des Speckstreifens waagerecht mittig aufsetzen. Je 1 Dörrpflaume vor und nach dem Waller direkt andrücken. Nun den Speckstreifen anheben und mittig einrollen.

Die so gefertigten Sushis nun auf der Feuerplatte rundherum knusprig anbraten.

Auf Tellern anrichten und für die Frische etwas Limettenabrieb drüberreiben.

1–2 Tropfen der süßlichen Sojasauce runden den Geschmack perfekt ab.

Mit Sprossen der Saison ausgarnieren.

Tipp: Statt dem Waller eignen sich auch Saibling oder Forelle für das Sushi.

WILD-POLPETTI
mit Butternuss-Pommes

6 PERSONEN

Zutaten:
Für das Wild-Polpetti:
500 g Wildfleisch
1 Bund Petersilie
3 Schalotten
1 EL Estragonsenf
1 EL Meersalz
2 EL Garam Masala

Für die Butternuss-Pommes:
1 Butternusskürbis
2 EL Olivenöl
Meersalz
etwas Sonnenblumenöl

Außerdem:
etwas Butter
etwas scharfe Preiselbeeren (S. 191)

zusätzliches Grillgerät:
Gusseisenpfanne

Zubereitung:
Die Feuerplatte aufheizen.

Das Wildfleisch faschieren. Die Petersilie und die Schalotten fein hacken und mit den restlichen Zutaten zu einer homogenen Masse vermengen. Aus der Masse kleine Knödel formen und beiseitestellen.

Den Butternusskürbis schälen und aus dem Fruchtfleisch Stifte in Pommes-Form schneiden, leicht ölen und salzen.

Die Feuerplatte leicht mit Sonnenblumenöl einölen und die Butternuss-Stifte auf allen Schnittflächen knusprig grillen.

Eine gusseiserne Pfanne auf die heiße Feuerplatte stellen, etwas Butter aufschäumen lassen und die Polpetti darin unter mehrmaligen Schwenken gar grillen.

Etwas von den scharfen Preiselbeeren auf die Polpetti geben und mit den Butternuss-Pommes servieren.

Tipp: Wer die Polpetti etwas geschmeidiger möchte, kann 100 Gramm beim Wildfleisch mit weißem Speck ersetzen.

HUFEISENSTEAK
vom Karpfen Asia-Style

4 PERSONEN

Zutaten:
1 Waldviertler Karpfen (ca. 2,5 kg)
etwas Rapsöl
Meersalz
etwas Mehl
800 g Wildkräutersalat
1 Granatapfel
3 EL Olivenöl
3 EL Balsamicoessig
1 TL Chiliflocken
etwas Sojasauce
   (z.B . Soy & Soul – Soya Lauch)
etwas Mangoessig

Zubereitung:
Die Feuerplatte anheizen.

Den Karpfen, waschen, säubern und von allen Flossen befreien. Den Fisch nun in 2 cm dicke Steaks schneiden. Die Feuerplatte leicht einölen, die Karpfenstücke leicht salzen, beidseitig mit etwas Mehl bestäuben und knusprig grillen.

Den Wildkräutersalat waschen und anschließend trocken schleudern.

Die Kerne aus dem Granatapfel lösen.

Olivenöl, Balsamicoessig, Chiliflocken und etwas Salz zu einer Vinaigrette vermengen.

Den Salat auf Tellern anrichten und etwas Vinaigrette drübergeben.

Den Karpfen neben den Salat geben und mit jeweils 2–3 Tropfen Sojasauce und Mangoessig beträufeln.

Tipp Vinaigrette, Mangoessig und Balsamico in kleine Kunststoffquetschflaschen füllen. Damit lassen sich die Flüssigkeiten perfekt dosieren.

GEGRILLTER ZANDER
mit Hokkaidokürbis

4 PERSONEN

Zutaten:
600 g Zanderfilets
400 g Hokkaidokürbis
1 Stange Lauch
Rapsöl
1 Schuss Noilly Prat
⅛ l Weißwein
Meersalz
optional: etwas weiße Sesamsamen
optional: einige Yuzu-Perlen

zusätzliches Grillgerät:
geschmiedeter Wok

Zubereitung:
Die Feuerplatte aufheizen.

Die Zanderfilets säubern und entgräten und in 4 cm breite Tranchen schneiden.

Den Hokkaidokürbis in der Mitte teilen, entkernen und anschließend in kleine Würfel schneiden.

Den Lauch waschen und in feine Scheiben schneiden.

Einen geschmiedeten Wok direkt an der Öffnung der Feuerplatte platzieren, etwas Rapsöl beigeben und den Kürbis etwa 10 Minuten rösten.

Mit Noilly Prat und dem Weißwein ablöschen, den Lauch beigeben und in weiteren 10 Minuten weich dünsten.

Parallel die Feuerplatte leicht einölen, die Zanderstücke salzen und zuerst auf der Hautseite knusprig braten. Einmal wenden und kurz auf der Fleischseite angrillen. Der Fisch sollte innen noch glasig sein.

Den Kürbis in einer tiefen Schale anrichten, darüber die Zanderfilet-Tranchen legen und nach Geschmack mit etwas Sesam und Yuzu-Perlen garnieren.

Tipp: Dazu passt wunderbar der Gelbe Muskateller vom Weingut Jakob Glock.

KÜRBISCURRY
aus dem Wok

4 PERSONEN

Zutaten:
1 EL Meersalz
1 EL Curry
1 EL Koriandersamen
1 EL Bockshornkleesamen
100 g Erdnüsse
1 Hokkaidokürbis
1 Stange Stangensellerie
3 Zwiebeln
1 Granatapfel
etwas Rapsöl
¼ l Wasser
200 ml Schlagobers
   (süße Schlagsahne)
1 EL schwarzer Sesam
1 EL Sojasauce
   (z. B. Soy & Soul – Soya Sesam)
Reis oder Nudeln nach Wahl und nach
   Packungsanweisung gekocht

zusätzliches Grillgerät:
geschmiedeter Wok

Zubereitung:
Die Feuerplatte anheizen.

Das Meersalz, Curry, Koriandersamen und Bockshornklee in einem Mörser fein reiben.

Die Erdnüsse ganz fein hacken.

Den Hokkaidokürbis mit der Schale und den Stangensellerie in Würfel schneiden.

Die Zwiebeln grob schneiden und in einem Mixer zu einer feinen Paste mixen.

Die Kerne aus dem Granatapfel pulen.

Den Wok über der Glut platzieren, etwas Öl beigeben und den Kürbis etwa 15 Minuten rösten.

Den Kürbis aus dem Wok in eine Schüssel geben. Den Wok zurück auf die Feuerplatte geben, wieder etwas Öl beigeben und die gemörserten Gewürze anrösten. Nun die Zwiebelpaste mit den Gewürzen im Wok vermengen und mit dem Wasser ablöschen. Den Kürbis und den Stangensellerie beifügen, den Schlagobers angießen und etwa 10 Minuten köcheln lassen. Den Sesam dazugeben und noch einmal umrühren. Nach Geschmack mit der Sojasauce abschmecken.

Reis oder Nudeln in eine tiefe Schale geben und mit dem Curry auffüllen. Die Granatapfelkerne und Erdnüsse drüberstreuen und servieren.

Tipp: Anstatt Hokkaido kann man auch ganz gut Butternusskürbis verwenden.

Ribelmais Chicken

RIBELMAIS CHICKEN

Die französischen Sasso-Hühner (Label Rouge) werden in kleinen Herden auf beschaulichen Bauernhöfen im Appenzell aufgezogen. Das Geflügel hat viel Auslauf, sowohl im Stall wie auch im Freien. Dank einer eigenen Brüterei kommen die Züchter im Appenzell ohne importierte Jungtiere aus. Die Aufzucht dauert übrigens doppelt so lange wie üblich: ein nachhaltiges und tiergerecht gehaltenes Schweizer Poulet, wie es sonst selten erhältlich ist.

Sasso-Hühner zeichnen sich durch ihre Anpassungsfähigkeit und unkomplizierte Aufzucht aus.

Das Futter der Hühner besteht hauptsächlich aus Rheintaler Ribelmais, einer traditionellen Maissorte mit dem Schutzsiegel AOP. Durch Fütterung mit diesem Mais erhält das Fleisch eine leicht gelbliche Färbung – und das Tier seinen Namen.

AOP (Appellation d'Origine Protégée) ist ein Qualitätszeichen, das vom Schweizer Gesetz geschützt wird. Es wird jenen Produkten verliehen, die in ihrer Ursprungsregion verwurzelt sind und dort eine langjährige Tradition aufweisen. Ein AOP-Produkt darf nur so benannt werden, wenn es in einer klar definierten Ursprungsregion produziert wird. Für den Ribelmais umfasst dieses Gebiet das St. Galler Rheintal, Werdenberg, Sarganserland und sechs Bündner Gemeinden sowie das Fürstentum Liechtenstein.

Rheintaler Ribelmais AOP ist seit 2000 als zweites Schweizer Produkt AOP-geschützt. Seit 2011 sind die Schweizerischen AOP-Produkte auch in der EU geschützt.

Wer sich für ein AOP-Produkt entscheidet, dem wird Folgendes garantiert:

• eine traditionelle Spezialität mit geschichtlichem Hintergrund,
• ein Produkt, das Wertschöpfung und Arbeitsplätze in der Region schafft, und
• eine neutrale und unabhängige Zertifizierungsstelle.

Quelle: www.ribelmais.ch

WRAP
mit gezupftem Hühnchen

4 PERSONEN

Zutaten:
1 Ribelmais-Huhn (ca. 1,5 kg)
1 rote Paprikaschote
1 Mango
etwas Rapsöl
etwas Garam Masala
2 Frühlingszwiebeln
1 Zitrone
Frühlingszwiebel
6 Tortillas (S. 65)

Zubereitung:
Den Feuertisch anheizen.

Das Huhn im Butterfly-Style (auch Roadkill-Style genannt) vorbereiten. Schaut euch am besten im Internet ein Video dazu an, wie man das macht – das versteht man besser, indem man es sieht, und Anleitungen gibt es da genug!

Die Paprikaschote entkernen und in Streifen schneiden. Die Mango schälen, das Fruchtfleisch vom Kern lösen und in Würfel schneiden.

Das Huhn etwas einölen und mit der Garam-Masala-Gewürzmischung rundum einreiben.

Das Huhn nun auf der geölten Feuerplatte auf der Haut- und Innenseite jeweils 5 Minuten anrösten.

Auf den Aufsatz der Feuerplatte ein Patisseriegitter platzieren und das Huhn daraufflegen. Unter mehrmaligem Wenden auf eine Kerntemperatur von 72 °C fertig grillen. Das Huhn war bei uns in etwa 40 Minuten gar.

Die Frühlingszwiebeln längs teilen und kurz angrillen.

Das Hühnerfleisch nun von den Knochen lösen und grob zupfen. Auf der Feuerplatte noch einmal kurz mit scharfer Hitze kurz angrillen und mit etwas Zitronensaft beträufeln.

Parallel die Tortillas kurz angrillen, sodass diese soft und weich bleiben.

Nun mit dem gezupften Hühnchen, Paprikastreifen, Frühlingszwiebel und Mango belegen, einrollen und als Wrap servieren.

Tipp: Dazu passt hervorragend ein frisches Radler.

HÜHNERHERZEN
mit Pflaumen und Frühlingszwiebel

4 PERSONEN

Zutaten:
3 Pflaumen
1 Frühlingszwiebel
Rapsöl
300 g Hühnerherzen
1 Schuss Noilly Prat
Meersalz
Chiliflocken
1 EL Sojasauce
   (z. B. Soy & Soul – Soya Lauch)

zusätzliches Grillgerät:
geschmiedeter Wok

Zubereitung:
Die Feuerplatte aufheizen.

Die Pflaumen waschen und in Würfel schneiden.

Den Frühlingszwiebel mit dem Grün in feine Scheiben schneiden.

Einen geschmiedeten Wok direkt über der Öffnung der Feuerplatte platzieren und etwas Rapsöl beigeben.

Die Hühnerherzen nun etwa 8 Minuten scharf anbraten.

Mit Noilly Prat ablöschen. Die Pflaumen und die Frühlingszwiebel dazugeben und mehrfach durchschwenken.

Mit Salz, Chili und der Sojasauce abschmecken und in tiefen Tellern als Vorspeise servieren.

SAIBLING VON DER FEUERPLATTE
mit Ponzu-Perlen

2 PERSONEN

Zutaten:
2 Saiblingsfilets
etwas Hoisin-Sauce
Rapsöl
2 Limetten
Ponzu-Perlen z. B. von Würzpott

Zubereitung:
Die Feuerplatte aufheizen – für dieses Gericht benötigen wir nur eine moderate Hitze. Der Fisch sollte sanft gegrillt werden.

Die Saiblingsfilets putzen und mithilfe einer Grätenzange restliche Gräten entfernen. Die Filets in etwa 3 cm breite Streifen schneiden und auf der Fleischseite mit etwas Hoisin-Sauce einpinseln.

Die Feuerplatte etwas mit Rapsöl bestreichen und die Streifen auf der Hautseite knusprig anbraten. Das Fischfleisch sollte nach dem Garen innen noch leicht glasig sein.

1 Limette mittig durchschneiden, über den Saiblingsstreifen auspressen und mit dem Saft beträufeln.

Den Fisch nun auf einer Platte drapieren, mit einer Zestenreibe großzügig Limettenabrieb über die Stücke reiben.

Mit einer Pinzette jeweils 2–3 Ponzu-Perlen auf jedes Stück geben und servieren.

Tipps: Diese Saiblingsstreifen eignen sich perfekt für einen schnellen Happen zu Beginn eines Menüs.

Ponzu-Perlen sind kleine Perlen, in Größe und Konsistenz ähnlich wie Kaviar. Sie stammen aus der japanischen Küche und werden aus Ponzu (einer Variation von Sojasauce) und Alginat hergestellt, ergänzt mit einer leichten Zitrusnote. Sie eignen sich hervorragend als optisches Highlight und passen zu rohem und gebratenem Fisch, gebratenem Fleisch, zu Salaten sowie zum Dessert auf Eis. Beziehen könnt ihr sie beispielsweise bei www.wuerzpott.com

Dazu passt etwa ein Glas Federweißer.

SCHARFER SCHWEINEBAUCH
mit Physalis

4 PERSONEN

Zutaten:
500 g Schweinebauch
1 rote Chilischote
3 EL Sojasauce
    (z. B. Soy & Soul – Sesam)
2 EL Rapsöl
2 EL Fischsauce
1 EL geriebener Ingwer
1 EL Meersalz
1 Limette
1 Frühlingszwiebel
200 g Physalis

zusätzliches Grillgerät:
geschmiedeter Wok

Zubereitung:
Den Schweinebauch in 2 × 2 cm große Stücke würfeln.

Die Chilischote in feine Ringe schneiden und mit der Sojasauce, Rapsöl, Fischsauce, Ingwer, Meersalz und dem Saft der ganzen Limette vermengen.

Den gewürfelten Schweinebauch in ein flaches Gefäß geben mit der Marinade übergießen, gut durchmengen und dann im Kühlschrank 2 Stunden ziehen lassen.

In der Zwischenzeit am Feuertisch eine schöne Glut produzieren.

Den Schweinebauch 15 Minuten vor dem Grillen aus dem Kühlschrank nehmen.

Den Wok direkt über dem Feuer platzieren und den marinierten Schweinebauch mit der ganzen Flüssigkeit in den Wok geben. Unter mehrfachem Umrühren den Schweinebauch in etwa 10 Minuten knusprig grillen.

Die Frühlingszwiebel in feine Ringe schneiden und mit den Physalis zum Schweinebauch in den Wok geben und 2- bis 3-mal durchschwenken.

Tipp: Als Vorspeise in kleinen Schüsseln anrichten, als Hauptspeise mit Jasminreis servieren.

SCHWEINEHALS
mit Asia-Gemüse

4 PERSONEN

Zutaten:
½ Stange Lauch
1 Frühlingszwiebel
250 g Mungobohnensprossen
1 Mango
½ Kopf Rotkraut
etwas Rapsöl
250 g Luma-Pork-Hals
3 EL Sojasauce
   (z. B. Soy & Soul – Original)
2 EL Meersalz
Chiliflocken (nach Belieben)

zusätzliches Grillgerät:
geschmiedeter Wok

Zubereitung:
Die Feuerplatte aufheizen – bei der Öffnung der Platte sollte eine gute direkte Hitze entstehen.

Den Lauch und die Frühlingszwiebel in Scheiben schneiden.

Die Mungobohnensprossen waschen und abtropfen lassen.

Die Mango schälen, das Fruchtfleisch vom Kern lösen und in kleine Würfel schneiden.

Das Rotkraut in feine Streifen schneiden.

Einen Wok in der Aussparung der Feuerplatte direkt über dem Feuer platzieren. Etwas Rapsöl in den Wok geben und nacheinander das Rotkraut, die Sprossen und den Lauch in den Wok geben und mehrmals durchschwenken.

Parallel dazu den Schweinehals in 0,5 cm dünne Streifen schneiden und auf der geölten Feuerplatte beidseitig knusprig grillen.

Das angeschwenkte Gemüse nun mit Sojasauce und Meersalz abschmecken und kurz die Mangos beigeben. Noch 2–3-mal durchschwenken.

Das Gemüse in einer tiefen Schüssel anrichten, die Schweinehalsstreifen daraufgeben und mit etwas Chiliflocken nach eigenem Schärfesinn bestreuen.

Tipp: Dazu passt ein fruchtiger Weißwein.

KAISERSCHMARRN
mit Marillenröster

4 PERSONEN

Zutaten:
Für den Kaiserschmarrn:
4 Eidotter
150 g Mehl
¼ l Milch
Salz
4 Eiklar
30 g Zucker
100 g Butter
80 g Rosinen
etwas Rum
etwas Staubzucker

Für den Marillenröster:
500 g Aprikosen
5 EL brauner Rohrzucker
⅛ l Wasser
4 cl Rum

zusätzliches Grillgerät:
Gusseisenpfanne
Flambierbrenner

Zubereitung:
Die Feuerplatte einheizen.

Die Eidotter mit dem Mehl, Milch und etwas Salz zu einem glatten Teig vermengen.

Die 4 Eiklar mit dem Zucker schaumig aufschlagen und anschließend unter die andere Messe unterheben.

Die Gusseisenpfanne auf die Feuerplatte stellen und die Hälfte der Butter aufschäumen lassen. Die Teigmasse nun in die Pfanne eingießen. Nun die Rosinen in den Teig einstreuen. Den Teig nun ständig beobachten und wenden, wenn er an der Unterseite goldbraun geworden, aber innen noch nicht ganz durch ist.

Mit 2 Löffeln oder Gabeln den Teig nun in kleine Stücke zerreißen und die restliche Butter beigeben. Etwas durchschwenken, 1 Schuss Rum über den Schmarren geben, entflammen und flambieren.

Die Aprikosen waschen, entkernen und halbieren.

Eine zweite Pfanne auf die Feuerplatte stellen und den Rohrzucker etwas karamellisieren, mit dem Wasser ablöschen. Die Aprikosen beigeben und etwa 10–15 Minuten leicht köcheln lassen. Am Ende mit dem Rum abschmecken.

Den Kaiserschmarrn mit dem Marillenröster auf Tellern anrichten und mit etwas Staubzucker bestreuen.

Dies ist die Geschichte
von SKOTTI - dem
flexibelsten Gasgrill
der Welt.

Es ist das Jahr 2017: Christian Battel ist gerade 40 Jahre alt geworden. Er hat Sport studiert und leitet Busicare, ein erfolgreiches Fitness- und Gesundheitsunternehmen in Meerbusch. Aber Chris ist auch das, was man einen Naturburschen nennt. Er liebt die Natur und verbringt jede freie Minute mit seiner Familie in Wäldern und an Seen.

Entwickelt aus Liebe zur Natur

Als leidenschaftlicher Angler möchte Chris den gefangenen Fisch so frisch wie möglich genießen – deshalb baut er manchmal schnell eine Feuerstelle auf, um den Fang sofort zu grillen. Genauso schnell, wie er grillt, machte Chris aber auch die Bekanntschaft mit dem Ordnungsamt in Deutschland. »Innerhalb kürzester Zeit kannte ich alle Beamten der Stadt Meerbusch persönlich«, lacht Chris. »Offenes Feuer in der Natur ist zu Recht nur unter bestimmten Bedingungen erlaubt. Also musste ich das Feuer irgendwie neu erfinden.«

Der flexibelste steckerfertige Gasgrill der Welt

Was die Beamten wahrscheinlich nicht wussten, war, dass sie der Anstoß für eine Entwicklung waren, die weltweit einzigartig ist: SKOTTI – der erste steckerfertige Gasgrill der Welt.

Chris wusste: »Ich brauche einen Grill, den ich überallhin mitnehmen kann.« Einen, der in einen Rucksack passt, mobil ist und unter allen Bedingungen verwendet werden kann. Außerdem ist er sicher für die Umwelt und erzeugt natürlich eine Menge Hitze. »Ich habe also recherchiert, aber ich konnte nichts finden, was meinen Anforderungen entsprach.« Daraufhin beschloss Chris: »Ich baue den Grill selbst.«

»Mama, wo ist Papa?« – »Schau in der Hütte nach!«

Bei Steve Jobs und Bill Gates begann die Erfolgsgeschichte in einer Garage – Chris tüftelte an dem Projekt »tragbarer Gasgrill« in einer selbst gebauten Holzhütte in seinem Hinterhof. Er probierte stunden- und sogar tagelang verschiedene Lösungen aus und vergaß dabei oft die Zeit. Die erste Idee für einen Plug-in-Gasgrill wurde im April 2017 geboren. Im April 2018, nach knapp 14 Prototypen, war es dann so weit: leicht, unverwüstlich und flexibel – der SKOTTI war geboren. Und die Kinder hatten ihren Vater wieder ...

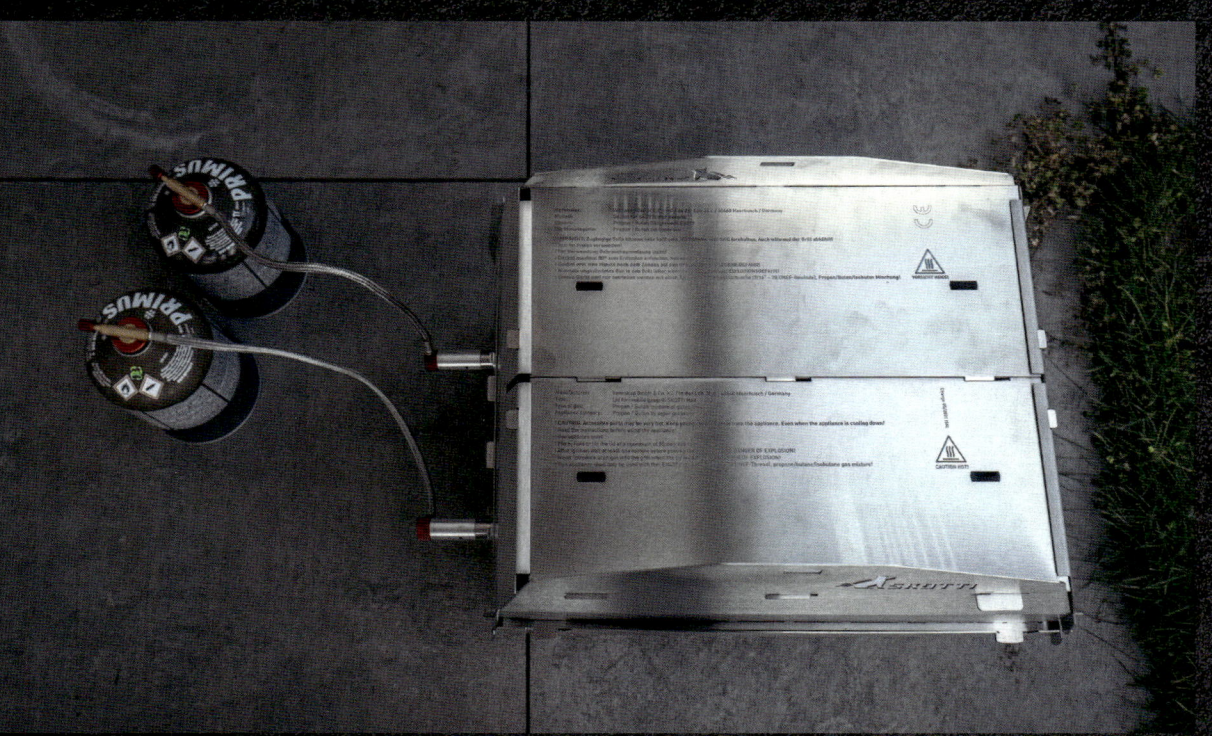

Sicherheit geht vor

Um den SKOTTI zum Leben zu erwecken, musste Chris allerdings noch einige Hürden überwinden. Eine, die ihm besonders am Herzen lag und liegt: Ist mein Produkt sicher? Also wurde SKOTTI vom DVGW auf Herz und Nieren geprüft, und zwischendurch gab es vielleicht ein paar Steaks. Aber im Ernst: Die Prüfer des Deutschen Vereins des Gas- und Wasserfaches gelten als sehr streng – genau richtig für Chris' Ansprüche. Schließlich erhielt der SKOTTI alle Zertifizierungen ohne Probleme.

Warum heißt der Grill eigentlich SKOTTI?

Der Grill war fertig, genehmigt und patentiert. Was noch fehlte, war ein Name, um den Grill bekannt zu machen. Da Chris auf einem Bauernhof aufgewachsen ist und immer viele Tiere um sich hatte, kam ihm der Name eines seiner früheren Hunde in den Sinn: »Skotti war ein treuer Begleiter, den ich sehr liebte. Er war immer an meiner Seite und ich konnte mich immer auf ihn verlassen. Eigenschaften, die auch der SKOTTI-Grill voll erfüllt.«

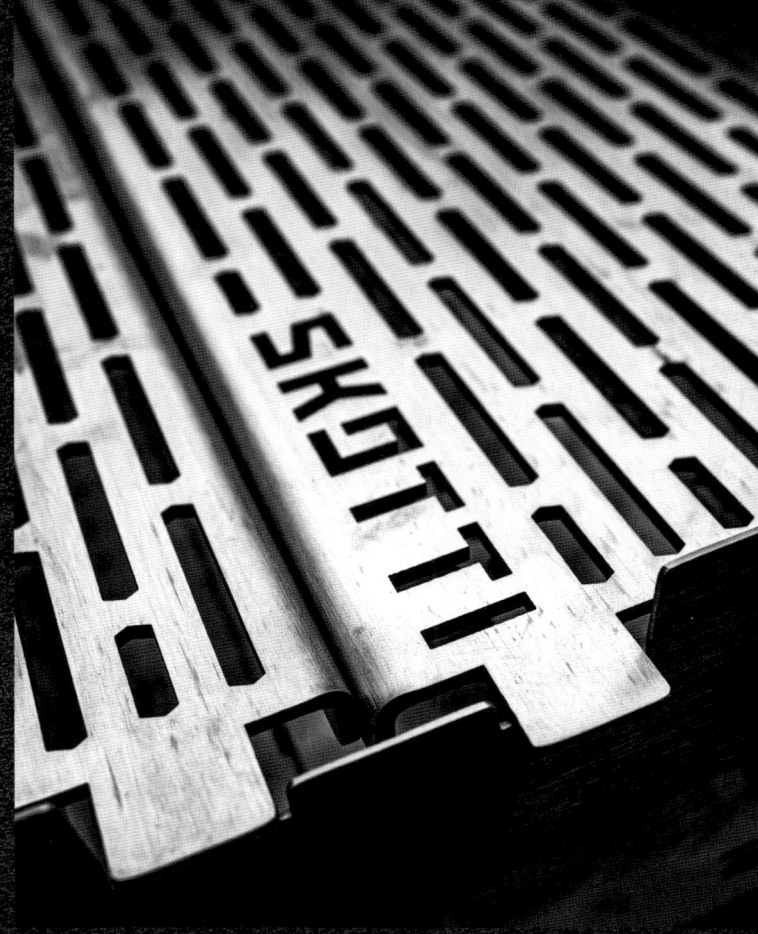

Die Geschichte von SKOTTI hat gerade erst begonnen

Aus den ersten 3000 produzierten SKOTTIS wurden im Laufe der Zeit weit über 100 000 verkaufte Einheiten. 2019 gewann SKOTTI den Red Dot Award in der Kategorie Produktdesign für seine Multifunktionalität, das Design, das Stecksystem und die Innovation eines leichten, tragbaren und dennoch hochwertigen Grills.

Seitdem hat sich viel getan: Mit seiner Firma VENNSKAP (norwegisch für »Freundschaft«) entwickelt Chris durchdachte und multifunktionale Produkte und Zubehör, die die Möglichkeiten von SKOTTI für alle Arten von Outdoor-Abenteuern ein Leben lang erweitern sollen. Ob Grillen, Kochen, Räuchern oder Backen, wer mit SKOTTI unterwegs ist, hat eine voll funktionsfähige mobile Outdoor-Küche dabei. So kann man jederzeit unvergessliche Mahlzeiten an den schönsten Plätzen der Welt erleben.

SKOTTI enttarnt die Welt

Nach Deutschland ist SKOTTI nun auch in vielen Teilen Europas angekommen und im wahrsten Sinne des Wortes heiß begehrt. Und auch jenseits des großen Teichs lernt man gerade erst, wie mobil Grillen sein kann. Die Geschichte von SKOTTI geht also weltweit weiter ...

Oder wie Chris sagen würde: »Bleib dran!«

SAUERRAHMSOUFFLÉ
mit Heidelbeerröster

2 PERSONEN

Zutaten:
Für das Sauerrahmsoufflé:
4 Eier
3 EL Zucker
½ EL Mehl
½ EL Vanillezucker
4 EL Sauerrahm
1 Prise Salz
1 Zitrone
2 EL Butter

Für den Heidelbeerröster:
2 EL braunen Rohrzucker
½ l Portwein
200 g Heidelbeeren
1 EL dunkler Balsamico

Außerdem:
etwas Staubzucker

Grillgerät:
SKOTTI Max mit 2 SKOTTI-Boxen
(SKOTTI Boks)

Zubereitung:
Den Brenner beim SKOTTI Max anzünden, voll aufdrehen und 2–3 Minuten bei geschlossenem Deckel vorheizen.

Die Eier trennen und das Eiklar mit dem Zucker zu Eischnee schlagen. Eidotter, Mehl, Vanillezucker, Sauerrahm, Salz und die Zesten einer ½ Zitrone vermengen.

Nun den Eischnee leicht unterheben und die Masse in die leicht gebutterte SKOTTI Boks einfüllen. Die Box in den indirekten Bereich des SKOTTI Max stellen und bei etwa 180 °C backen. Wir hatten etwa 2 °C Außentemperatur und das Soufflé war nach 20 Minuten fertig.

Parallel in einer zweiten Box oder Pfanne den Zucker karamellisieren und mit dem Portwein ablöschen. Die Beeren und den Balsamico dazugeben und bei leichter Hitze 2–3 Minuten köcheln lassen.

Das fertige Soufflé mit etwas Staubzucker bestäuben und am besten direkt aus der Box löffeln.

Tipp: Das Gericht funktioniert auf jedem Grill mit Haube oder im Backofen.

GEFÜLLTE FLANKSTEAKROLLE

4 PERSONEN

Zutaten:
1 Flanksteak
1 Mango
1 rote Paprika
2 Frühlingszwiebeln
Meersalz
1 TL grobe Chiliflocken
1 Limette
1 EL Mangoessig
etwas Rapsöl

Zubereitung:
Das Flanksteak einmal in der Mitte mit einem Butterfly-Schnitt auffächern.

Die Mango schälen, das Fruchtfleisch vom Kern lösen und in 0,5 cm breite Streifen schneiden.

Die Paprika halbieren, vom Kerngehäuse befreien und ebenfalls in 0,5 cm breite Streifen schneiden.

Die Frühlingszwiebeln mit Grün der Länge nach vierteln.

Das Flanksteak plattieren und mit Salz und Chili innen würzen und mit dem Saft von ½ Limette und dem Mangoessig beträufeln. Paprika, Mango und Frühlingszwiebeln nun längs der Faser wie auf dem Bild auflegen. Nun längs der Faser einrollen und mit einem Speisegarn fixieren.

Den SKOTTI auf drei Viertel der Leistung aufheizen und die Grillfläche etwas mit Öl einpinseln.

Die Rolle außen salzen und rundum unter mehrmaligem Wenden grillen. Das Flanksteak ist perfekt, wenn das Fleisch innen noch leicht rosa ist. Unsere Rolle war etwa 25 Minuten auf dem Rost. Die Rolle nun aufschneiden und mit etwas Limettenabrieb veredeln.

MAROKKANISCHES ZITRONENHÜHNCHEN
mit Granatapfel-Couscous

4 PERSONEN

Zutaten:
1 Ribelmais-Huhn
3 Bio-Zitronen
6 Zweige frischer Thymian
Meersalz
1 EL Sojasauce (z. B. Soy & Soul –
    Original)
1 EL Honig
etwas Rapsöl
250 ml heißes Wasser
1 EL Ras el Hanout
150 g getrocknete Cranberrys
250 g Couscous
200 g Granatapfelkerne

Grillgerät:
SKOTTI MAX
1 SKOTTI-Boks

Zubereitung:
Die Brüste mit der Haut von der Karkasse lösen und beiseitelegen. 1 Zitrone in dünne Scheiben schneiden und mit den Thymianzweigen zwischen Brust und Hühnerhaut schieben. Anschließend rundum leicht salzen. Sojasauce und Honig gut in einer Schüssel verrühren und parat halten.

Den Brenner des SKOTTI MAX anzünden, zu drei Viertel aufdrehen und 2–3 Minuten bei geschlossenem Deckel vorheizen. Den Deckel öffnen, die Grillfläche mit etwas Öl einpinseln und die Hühnerbrüste nun kurz auf der Hautseite und etwa 5 Minuten auf der Fleischseite angrillen. Nun auf den hitzefreien Teil des SKOTTI MAX mit der Fleischseite nach unten legen.

Die Hautseite großzügig mit der Sojasauce-Honig-Mischung einpinseln. Den Deckel schließen und die Hühnerbrust auf eine Kerntemperatur von 75–80 °C in diesem Bereich bei indirekter Hitze fertig grillen.

Unser Huhn war bei einer Außentemperatur von circa 3 °C in etwa 30 Minuten fertig.

In der SKOTTI-Boks die 250 ml Wasser aufkochen lassen, das Ras el Hanout einrühren und die Cranberrys beigeben.

Den Topf von der Flamme nehmen und nun langsam den Couscous einrühren und lose zugedeckt etwa 5–10 Minuten quellen lassen.

Vor dem Servieren den Couscous mit einer Gabel auflockern und auf einem Teller mittig gehäuft anrichten. 1 Zitrone in 0,5 cm dicke Scheiben schneiden und kreisförmig rund um den Couscous auflegen. Die Hühnerbrüste in Scheiben schneiden und jeweils auf 1 Zitronenscheibe legen.

Abschließend großzügig mit Granatapfelkernen bestreuen und den Saft von ½ Zitrone über dem Teller verteilen.

BREZENBURGER
vegan

4 PERSONEN

Zutaten:
400 g Kidneybohnen
1 Zwiebel
2 Knoblauchzehen
2 EL Paniermehl
Salz
frisch gemahlener schwarzer Pfeffer
etwas Chilipulver (nach Belieben)
4 Brezeln
Barbecuesauce
   (z. B. von The Vegan Saucery)
4 Salatblätter
Cocktailsauce
   (z. B. von The Vegan Saucery)
Cheezy Style
   (z. B. von The Vegan Saucery)

Grillgerät:
SKOTTI MAX

Zubereitung:
Die Kidneybohnen abtropfen lassen. Die Zwiebel und den Knoblauch klein würfeln. Die Kidneybohnen zerstampfen. Die Masse mit Paniermehl, Zwiebeln und Knoblauch verkneten und mit Salz und Pfeffer abschmecken. Nach Geschmack kann man auch noch Chilipulver hinzugeben.

Die Masse in 8 Portionen teilen und zu Pattys formen. Die Pattys von beiden Seiten scharf angrillen.

Währenddessen die Brezeln halbieren und die Hälften mit Barbecuesauce bestreichen. Auf die jeweils untere Seite je 1 Salatblatt legen, mit Cocktailsauce bestreichen, je 1 gegrillten Patty darauflegen, mit Cheezy-Style-Sauce toppen, einen zweiten Patty darauf aufschichten und ebenfalls mit Sauce garnieren und die obere Hälfte der Brezel drauflegen. Fertig.

Tipp: Hierzu passt gut ein Glas veganer Weißwein.

WILDSCHWEINRÜCKEN
mit Süßkartoffel und Wasabi-Rahm

2 PERSONEN

Zutaten:
3 EL Sauerrahm
3 EL Joghurt
1 Limette
1 EL Wasabi-Paste
Meersalz
500 g Wildschweinrücken
1 mittelgroße Süßkartoffel
etwas Rapsöl
etwas Butter

Zubereitung:

Den Sauerrahm, Joghurt, Saft einer ½ Limette und die Wasabi-Paste gut verrühren, bis eine glatte Creme entsteht. Mit 1 Prise Meersalz abschmecken und kühl stellen.

Den Wildschweinrücken putzen und von Häuten und Sehnen befreien.

Die Süßkartoffel schälen und in etwa 0,5 cm dicke Scheiben schneiden, etwas einölen und beiseitestellen.

Den SKOTTI in 2–3 Minuten bei voller Power aufheizen. Den Grill leicht einölen und die Hitze auf drei Viertel der Maximalpower einregeln.

Den Wildschweinrücken und die Süßkartoffelscheiben nun rundum salzen. Gleichzeitig auf den Grill legen und etwa 12–15 Minuten bei direkter Hitze grillen.

Den Wildschweinrücken vom Rost nehmen, mit etwas Butter bestreichen und 2–3 Minuten ruhen lassen.

Dann in Tranchen aufschneiden und mit den Süßkartoffelscheiben und dem Wasabi-Rahm servieren.

DOUBLE-RÖSTI-BURGER

4 PERSONEN

Zutaten:
1 kg Kartoffelknödel-Teig
2 EL Mayonnaise
1 EL Apfelessig
Salz
frisch gemahlener schwarzer Pfeffer
etwas Kreuzkümmel
150 g Karotte (geraspelt)
150 g Weißkraut (geraspelt)
8 Burger-Pattys à 180 g
  (z. B. von YOURBEEF)
16 Scheiben Bacon
8 Scheiben Cheddar (weiß)
8 Scheiben Cheddar (rot)
Barbecuesauce
8 Blätter Salat

Grillgerät:
SKOTTI MAX

Zubereitung:
Den Knödelteig aus dem Kühlschrank holen und aus der Verpackung nehmen. In eine Schüssel geben und kräftig durchkneten. Nun aus dem Teig 8 gleich große Kugeln formen. Diese dann flach drücken und kurz beiseitestellen.

Mayonnaise und Apfelessig in einer kleinen Schüssel miteinander vermengen und mit Salz, Pfeffer und Kreuzkümmel abschmecken. Karotte und Weißkraut dazugeben und noch einmal kräftig vermischen.

Den SKOTTI Max in Betrieb nehmen und die Gaszufuhr auf zwei Drittel einregeln. Die Kartoffelknödeltaler von beiden Seiten knusprig anbraten und kurz beiseitestellen. Die Burger-Pattys von beiden Seiten 4–5 Minuten grillen. Den Bacon kurz kross anbraten und auf die Pattys legen. Jeweils 1 Scheibe weißen und roten Cheddar auf die Pattys legen.

Die Burger-Pattys vom Grill nehmen. 4 Kartoffelknödeltaler aufbauen. Auf diese Barbecuesauce der Wahl streichen und jeweils 2 Salatblätter darauflegen. Einen Patty mit Bacon auf den Salat legen und mit der Karotten-Weißkraut-Salatmischung toppen. Nun den nächsten Knödeltaler darauf aufstapeln, wieder mit Barbecuesauce bestreichen und den Burger-Turm in dieser Reihenfolge weiter hochstapeln.

Tipp: Hierzu passt gut ein Glas Gewürztraminer.

Yak-Hof Kohl

YAK-HOF KOHL

Schon seit 1999 züchtet die Familie Kohl Yaks im idyllischen Alpenvorland von Bayern und ist damit einer der Vorreiter in Deutschland.

Ursprünglich kommt das Yak aus dem Himalaja, wo es schon vor Tausenden Jahren vom Menschen domestiziert wurde. Seine speziellen Lautäußerungen haben dem Yak auch den Namen Grunzochse eingebracht. Bedingt durch ihre Herkunft und die bis zu 40 Zentimeter langen zotteligen Haare, sind diese Wildrinder besonders gut auf Kälte ausgerichtet. Daher sind sie auch problemlos im alpinen Bereich zur Haltung geeignet.

Während es im Ursprungsgebiet im tibetischen Hochland noch etwa 1000 Stück dieser reinen wilden Yaks gibt, sind es in Europa vor allem domestizierte Tiere, die in der Landwirtschaft gehalten werden. Weltweit gibt es schätzungsweise 14 Millionen Tiere.

Sind die reinen Wildyaks noch bis 1,80 Meter hoch, haben sich die heute in der Landwirtschaft gezüchteten Tiere bei einer Widerristhöhe von etwa 130 Zentimetern eingependelt. Gewichtsmäßig liegen die Rinder durchschnittlich zwischen 400 und 600 Kilogramm (Bullen).

Zur Milchgewinnung sind Yaks in unseren Breiten eher nicht gedacht, geben die Kühe doch nur etwa zwei Liter Milch am Tag.

Interessant ist jedoch das magere Fleisch mit einem durchschnittlichen Fettgehalt von 8 Prozent. Yakfleisch ist grobfaserig mit wenig intramuskulärem Fett, hat jedoch viel Eisen und Zink. Bedingt durch einen hohen Myoglobingehalt ist das Fleisch tiefrot.

Das Tier kann grundsätzlich komplett verarbeitet werden bis hin zu Würsten und Trockenfleisch.

Wir finden das Yak sehr interessant und haben auch ein entsprechendes Rezept für euch kreiert.

YAK-RAGOUT
mit Grünkohl

4 PERSONEN

Zutaten:
1 Bund Suppengemüse
1 Zwiebel
Öl (z. B. Traubenkernöl)
800 g Yak-Gulasch
   (Yakzucht Alfons Kohl)
2 EL Tomatenmark
1 Flasche Rotwein
5 Lorbeerblätter
8 Wacholderbeeren
400 ml Kalbsfond
200 g Grünkohl
Salz
frisch gemahlener schwarzer Pfeffer

zusätzliches Grillgerät:
SKOTTI-Boks

Zubereitung:
Suppengemüse und Zwiebel putzen und klein würfeln.

Den Grill anheizen und die SKOTTI-Boks draufstellen. Circa 3 EL Öl hineingeben und erhitzen und darin das Fleisch anbraten. Das Suppengemüse und die Zwiebel hinzugeben und weitere 5 Minuten mit anschwitzen. Anschließend das Tomatenmark hinzugeben und circa 3 Minuten tomatisieren und anschließend mit einer ½ Flasche Rotwein ablöschen.

Lorbeerblätter und Wacholderbeeren hinzugeben, das Ganze kurz einreduzieren lassen und dann den Kalbsfond hinzugeben und circa 1 ½ Stunden bei geschlossenem Deckel köcheln lassen, dabei gelegentlich umrühren. Bei Bedarf noch Rotwein nachgießen.

Derweil den Grünkohl putzen und klein schneiden. Abschließend den Grünkohl ins Gulasch hinzugeben und für 5 Minuten weiterköcheln lassen. Mit Salz und Pfeffer abschmecken und auf 4 Tellern anrichten.

Tipp: Hierzu passen gut Spätzle oder Knödel.

WILDGULASCH
aus dem SKOTTI

2 PERSONEN

Zutaten:
300 g Wildfleisch aus der Schulter
   oder Keule
1 Karotte
200 g Sellerie
200 g Lauch
1 Zwiebel
etwas Rapsöl
⅛ l Gemüsebrühe
   + bei Bedarf etwas mehr
125 g Schinkenspeck
¼ l Rotwein
⅛ l Johannisbeersaft
2 EL Preiselbeermarmelade
Meersalz
frisch gemahlener schwarzer Pfeffer
etwas Chiliflocken
optional: 1 TL Maisstärke

zusätzliches Grillgerät:
2 SKOTTI-Boxen
   (2,5- und 1-Liter-SKOTTI -Boks)

Zubereitung:
Das Wildfleisch in Würfel schneiden. Karotten und Sellerie schälen und würfeln, den Lauch in Scheiben schneiden.

Die Zwiebel fein würfeln.

Den SKOTTI in Betrieb nehmen und die Gaszufuhr auf etwa zwei Drittel einregeln.

Die 2,5-Liter- und 1-Liter-SKOTTI-Boks auf die Grillfläche stellen. In die kleine Box etwas Rapsöl geben und das vorbereitete Gemüse anrösten. Nach 5 Minuten mit der Gemüsebrühe ablöschen und leicht köcheln lassen.

In der großen Box Zwiebel und Speck mit etwas Rapsöl anschwitzen und das Fleisch dazugeben und ebenfalls für etwa 5 Minuten rösten lassen. Anschließend mit dem Rotwein ablöschen.

Nun das Gemüse in die große Box umfüllen, den Johannisbeersaft und die Preiselbeermarmelade dazugeben. Den Deckel nur lose auf die Box legen und für etwa 30 Minuten auf kleiner Flamme köcheln lassen. Bei Bedarf bei der Hälfte der Garzeit etwas Gemüsebrühe nachfüllen.

Vor dem Servieren mit Salz, Pfeffer und Chili nach Geschmack abschmecken.

Bei Bedarf 1 TL Maisstärke in etwas Wasser auflösen und in das Gulasch einarbeiten. Dadurch wird die Sauce etwas sämiger.

Tipp: Dazu passen sehr gut Tagliatelle.

SPARERIBS VOM FRISCHLING
mit Cranberry-Apfel-Kompott

2 PERSONEN

Zutaten:
250 g Vitelotte (blaue Kartoffelsorte)
etwas Olivenöl
Meersalz
etwas Kräuter der Provence
2 Spareribs vom Frischling
Gewürzmischung
etwas Rapsöl
200 g BBQ-Sauce (S. 191)
2 EL brauner Rohrzucker
150 ml Apfelsaft
200 g Cranberrys
1 Apfel (Boskop)

Grillgerät:
SKOTTI MAX
SKOTTI-Boks

Zubereitung:
Die Kartoffeln vierteln, in eine Schüssel geben und mit etwas Olivenöl, Salz und Kräutern marinieren.

Auf der Knochenseite der Spareribs die Silberhaut entfernen und rundherum mit der Gewürzmischung kräftig einreiben.

Den Brenner des Grills anzünden, voll aufdrehen und 2–3 Minuten bei geschlossenem Deckel vorheizen. Den Deckel öffnen, die Grillfläche mit etwas Öl einpinseln und die Spareribs nun kurz auf der Hautseite und etwa 5 Minuten auf der Fleischseite angrillen. Das Fleisch dann auf den indirekten hitzefreien Teil des Grills mit der Knochenseite nach unten legen.

Während des Garvorganges die Rippchen 2–3-mal mit der BBQ-Sauce bestreichen.

Gleiches mit den Kartoffeln: Rundum anbraten, neben den Spareribs platzieren und unter der geschlossenen Haube fertig garen.

Unsere Rippchen und Kartoffeln waren nach etwa 40 Minuten fertig.

Die SKOTTI-Boks auf die Grillfläche stellen und bei mittlerer Hitze den Zucker karamellisieren und mit dem Apfelsaft ablöschen. Die Cranberrys und den klein gewürfelten Apfel beigeben, gut vermengen und etwa 10 Minuten köcheln lassen. Immer wieder umrühren, damit nichts anbrennt.

Vitelotte
Diese Kartoffelsorte ist eine sehr alte sogenannte Spätsorte mit einem weißlich marmorierten bläulich-lilafarbenem Fruchtfleisch. Oft wird sie wegen ihres würzig-nussigen Geschmacks auch als Trüffelkartoffel bezeichnet.

WILDQUICHE

2 PERSONEN

Zutaten:
1 Packung Mürbteig

Für die Füllung:
200 g klein gewürfeltes Wildfleisch
3 fein gehackte Schalotten
2 fein gehackte Knoblauchzehen
50 g Butter
200 g geriebener Bergkäse
3 verquirlte Eier
200 ml Sahne
1 Bund fein gehackte Petersilie
1 TL Koriandersaat, gemahlen
10 Körner Piment, gemahlen
1 TL Salz
1 TL Pfeffer, gemahlen

zusätzliches Grillgerät:
SKOTTI-Boks

Zubereitung:
Den SKOTTI auf etwa zwei Drittel der Leistung aufheizen.

In der SKOTTI-Boks das gewürfelte Wildfleisch mit den Schalotten und den Knoblauchzehen in Butter anrösten.

In einer Schüssel das angeröstete Wildfleisch etwas abkühlen lassen und mit den restlichen Zutaten vermengen. Mit den frisch gemörserten Gewürzen abschmecken.

Die SKOTTI-Boks mit dem Mürbteig auskleiden. Die Teigmasse dabei locker und ohne festes Andrücken einfüllen. Dann die gewürzte Wildfleisch-Mischung hineingeben und im SKOTTI mit der Haube etwa 20 Minuten bei 200 °C indirekt grillen.

Heiß servieren.

FLAMMKRAFT

Seit einigen Jahren hat sich die deutsche Grillmanufaktur Flammkraft bei qualitätsbewussten BBQ-Fans und Gastro-Profis als absoluter High-End-Anbieter etabliert.

Wer einen Grill mit maximaler Leistung bei ebenso größter Variabilität und höchster Qualität sucht, kommt an Flammkraft nicht vorbei. Egal ob als allein stehender Grill, Einbaugrill in der hochwertigen Außenküche oder in Kombination mit dem eigenen Außenküchenmodul – Flammkraft hebt Freiluftkochen und Grillen auf ein völlig neues Level.

D ie Idee zum ersten Flammkraft-Grill, dem Block D, entstand 2015, als die Flammkraft-Gründer Manuel Lasar und Knud Augustin auf der Suche nach einem Gerät waren, was die eigenen Ansprüche erfüllte, ohne Kompromisse einzugehen. Da der Markt nichts Zufriedenstellendes bot, ergriffen die beiden die Initiative. Nach der Prototypenentwicklung wurden bereits 2017 die ersten Geräte verkauft. Heute liefert die Manufaktur aus ihrem Werk in Bremen an begeisterte Kunden in ganz Europa.

Dieser Erfolg blieb auch nicht dem deutschen Traditionshaus Zwilling verborgen. Ende 2021 wurde Flammkraft Teil der Zwilling-Familie, wobei die Gründer als Geschäftsführer und Anteilseigner am Ruder bleiben und die Flammkraft-Philosophie autark weiterführen.

Die Qualität:

Flammkraft-Grills sind komplett aus Edelstahl konstruiert und werden nach höchsten Fertigungsstandards gebaut. Jedes Gerät wird in Handarbeit gefertigt und durchläuft zahlreiche Qualitätskontrollen. Die Materialität der Geräte ist bei Berührung sofort spürbar: Von massiven Edelstahlreglern über den Griff aus edlem Eichenholz, den doppelwandigen Deckel bis hin zu den serienmäßigen Edelstahlgussrosten – die Qualität reicht bis ins letzte Detail.

Teil der nachhaltigen Produktionsphilosophie von Flammkraft ist, Produkte mit einem langen Lebenszyklus und einfachster Wartung zu entwickeln, um eine lang anhaltende Freude am Produkt zu erschaffen. Ein gutes Produkt mit Freude und über einen langen Zeitraum zu verwenden, ist ein Beitrag zum Schutz unserer natürlichen Ressourcen. Die Fertigung in Deutschland garantiert höchste Qualität bei Materialien und Verarbeitung. Ein Netzwerk regionaler Partner erlaubt dabei die Entwicklung und Herstellung der Flammkraft-Geräte auf höchstem Niveau mit kurzen und stabilen Lieferketten. Denn hier ist Made in Germany Philosophie und nicht nur eine Marketing-Floskel.

Das Flammkraft-Prinzip:

Entgegen der meisten vertrieben Gasgrills sind Flammkraft-Grills komplett mit Infrarot-Brennern ausgestattet. Somit wird die Hitze nicht durch offene Flammen erzeugt, sondern durch das Glühen der Keramik-Elemente. Dadurch entsteht eine intensive Strahlungshitze, die der von glühender Kohle gleicht, mit dem Vorteil der feinen Dosierbarkeit und der direkten Verfügbarkeit. Ein Gasgrill mit Holzkohlenseele. Klingt ungewöhnlich? Ist es auch und dabei hocheffizient.

Die Brenner der Hauptgrillfläche sind so angeordnet, dass heruntertropfende Flüssigkeiten nicht darauf gelangen, sondern in einer Tropfschale aufgefangen werden. Dies hilft, ungesunde Rauchbildung und Fettbrand zu vermeiden.

Die Strahlung der Brenner wirkt über die gesamte Fläche der Roste, während die Konvektion heißer Luft das Grillgut rundherum einhüllt. Der Geschmack des Grillguts wird auf diese Weise voll zutage gefördert.

So wird mit hoher Leistung schonend gegart und das Grillgut bleibt saftig, aromatisch und gelingt auf den Punkt perfekt.

Die Positionierung der Brenner sorgt dabei für unterschiedliche Hitzezonen, was die Flexibilität und Vielfalt bei der Zubereitung unterstützt.

In der integrierten Röstzone ist der Brenner horizontal unter dem Rost platziert. Hier kann bei Temperaturen bis zu 900 °C oberhalb des Röstbrenners Grillgut mit einer leckeren Kruste und Röstaromen veredelt werden. Darüber hinaus können hier Zubehör wie der Flammkraft-Wok, die Teppanyaki-Platte oder feuerfestes Kochgeschirr genutzt werden. Und auch beim indirek-

ten Grillen kann die Röstzone eingesetzt werden, etwa um Zutaten auf der Hauptgrillfläche bei niedrigen Temperaturen schonend zu garen.

Der großzügige Warmhalterost schafft noch mehr Platz zur Lagerung oder Platz zum langsamen Garen von Speisen.

Das durchdachte sowie fokussierte Angebot von Zubehör ergänzt die Flammkraft-Grills perfekt und führt den Gedanken von kompromissloser Qualität bei größtmöglicher Nutzerfreundlichkeit fort. Alle Zubehörteile sind so konzipiert, dass eine Umrüstung des Grills unkompliziert, mit wenigen Handgriffen und ohne Werkzeug in kürzester Zeit gelingt.

Für dieses Buch hatte Karl-Heinz den Flammkraft-Grill ausgiebig im Einsatz und hat dabei verschiedenste Gerichte kreiert: vom Garnelencurry bis zum Pulled Pork zeigt er euch auf den nächsten Seiten, was alles geht.

KALLES GARNELENCURRY

4 PERSONEN

Zutaten:
1 große rote Paprika
1 Zucchini
1 Bund Frühlingszwiebeln
2 cm Ingwer
1 Knoblauchzehe
etwas Sesamöl
800 g Garnelen
300 ml Gemüsebrühe
400 ml Kokosmilch
2 EL rote Currypaste
Salz
frisch gemahlener schwarzer Pfeffer
optional: 1 Thai-Chili

zusätzliches Grillgerät:
geschmiedeter Wok mit Deckel

Zubereitung:
Die Paprika und die Zucchini halbieren und bei der Paprika den Strunk entfernen. Paprika und Zucchini in circa 1 cm dicke Würfel schneiden.

Die Frühlingszwiebeln in circa 0,5 cm dicke Scheiben schneiden.

Den Ingwer und den Knoblauch klein würfeln und mit etwas Sesamöl in der Wok-Pfanne anbraten. Nun Paprika und Zucchini hinzugeben und ungefähr 2 Minuten lang anbraten.

Die Garnelen zum Gemüse geben. Dann die Gemüsebrühe, die Kokosmilch sowie die 2 EL Currypaste hinzufügen.

Alles gut miteinander verrühren und bei geschlossenem Deckel gut 5–6 Minuten köcheln lassen. Danach mit Salz und Pfeffer abschmecken.

Alles schön auf Tellern anrichten und mit den Frühlingszwiebeln garnieren. Das Gericht je nach Geschmack und Schärfeempfinden noch mit etwas Thai-Chili abrunden.

Tipp: Hierzu passt gut Reis oder Naan-Brot als Beilage. Wie man Naan-Brot selber machen kann, seht ihr auf Seite 56.

TRÜFFEL
küsst Ente

4 PERSONEN

Zutaten:
Salz
1 TL Paprikapulver edelsüß
frisch gemahlener schwarzer Pfeffer
4 Entenkeulen
1 mittelgroßen Rotkohl (ca. 600 g)
etwas Sonnenblumenöl
etwas Muskatpulver
   (oder frisch geriebene Muskatnuss)
1 Apfel
1 mittelgroßes Glas Apfelmus
   (ca. 300–400 g)
1 EL Honig
1 Flasche Trüffel Ketchup
   (z. B. von Bavarian Sauce Company)
1 Flasche Orangen-Senf-Sauce
   (z. B. von Bavarian Sauce Company)

Zubereitung:
Je 1 TL Salz und Paprikapulver mit 0,5 TL Pfeffer vermengen. Die Mischung in die Entenkeulen einmassieren. Das eingerubbte Fleisch noch einmal kurz abgedeckt in den Kühlschrank legen.

In der Zwischenzeit den Rotkohl halbieren, den Strunk entfernen und den Kohl in feine Streifen schneiden.

Nun die Entenkeulen für circa 1–1,5 Stunden bei 180 °C in den Grill geben.

Währenddessen den Rotkohl mit etwas Öl auf der Grillplatte angrillen. Mit Salz und Pfeffer würzen und etwas Muskat hinzugeben. Den Apfel klein würfeln und mit dem Rotkohl angrillen. Alles mit dem Apfelmus vermengen und weich grillen. Zuletzt mit dem Honig abschmecken und den Rotkohl abgedeckt auf die Seite des Grills legen.

Den Trüffel-Ketchup mit der Orangen-Senf-Sauce vermischen und bei Anbruch der letzten 20 Minuten Garzeit die Entenkeulen damit einreiben. Dadurch wird die Entenkeule noch einmal schön auf dem Grill glasiert.

Im finalen Schritt 1 Portion Rotkohl auf der Mitte jedes Tellers anrichten. Je 1 Entenkeule hinzugeben und noch einmal mit der Sauce über das Fleisch streichen. Nach Belieben etwas Sauce dekorativ am Rand des Tellers verstreichen.

Tipp: Hierzu passt gut ein Glas Pinot Noir.

KALBSTAFELSPITZ
auf Wildem Radicchio

4 PERSONEN

Zutaten:
1 kleiner Kalbstafelspitz
   (ca. 500 g, von YOURBEEF)
Salz
frisch gemahlener schwarzer Pfeffer
etwas Paprikapulver
1 Flasche Orangen-Senf-Sauce
   (z. B. von BAVARIAN SAUCE
   COMPANY)
Abrieb von 1 Zitrone
500 g Wilder Radicchio
3 Zweige frischer Oregano
etwas Sonnenblumenöl
1 EL Honig

Zubereitung:
Den Grill auf 200 °C vorheizen. Dann den Kalbstafelspitz mit Salz, Pfeffer und Paprikapulver würzen.

Anschließend mit 3 EL Orangen-Senf-Sauce und dem Zitronenabrieb einmassieren.

Den Strunk vom Wilden Radicchio entfernen und den Radicchio waschen. Die Blättchen von 2 Zweigen Oregano abzupfen und so fein wie möglich hacken.

Nun den Kalbstafelspitz scharf von allen Seiten angrillen. Dann den Grill auf 160 °C runterschalten und das Fleisch auf indirekter Hitze 20–25 Minuten garen.

In der Zwischenzeit den Radicchio auf der Grillplatte mit ein bisschen Öl anbraten und mit Salz, Pfeffer und dem Oregano würzen. Zum Schluss mit dem Honig karamellisieren.

Im finalen Schritt den Radicchio auf den Tellern verteilen und den Tafelspitz in Tranchen dazugeben. Mit dem restlichen Oregano und der restlichen Sauce dekorieren.

Tipp: Hierzu passt gut ein Glas Riesling.

PULLED PORK
Pizza

**2 PIZZEN
(REICHT FÜR4 PERSONEN)**

Zutaten:
1 Hefewürfel
300 ml warmes Wasser
500 g Weizenmehl (Type 405)
50 ml Olivenöl
1 TL Salz + etwas mehr
1 Dose (Pizza-)Tomaten
frisch gemahlener schwarzer Pfeffer
1 TL Oregano
200 g Pulled Pork
200 g geriebener Mozzarella

zusätzliches Grillgerät:
Pizzastein

Zubereitung:
Den Hefewürfel im lauwarmen Wasser auflösen und zum Mehl geben. Olivenöl und Salz untermischen und alles mit einer Rührmaschine circa 5 Minuten durchkneten, bis daraus ein Teig entsteht.

Danach den Teig bei Zimmertemperatur zur Seite stellen, bis dieser aufgegangen ist und sich das Volumen des Teigs um circa die Hälfte verdoppelt hat.

Nun noch einmal durchkneten und den Pizzateig auf 2 Teile aufteilen.

In der Zwischenzeit die Tomaten in einem Topf erhitzen und mit Salz, Pfeffer und Oregano abschmecken. Die Mischung 4–5 Minuten einkochen.

Den Teig nun noch einmal kurz durchkneten, ausrollen und mit der entstandenen Tomatensauce bestreichen. Das Pulled Pork auf die beiden Pizzen geben und mit 100 g Käse pro Teig bestreuen.

Die rohen Pizzen auf den Pizzastein legen und auf dem voll aufgedreht Flammkraft-Grill bei 250 °C in circa 10 Minuten durchbacken.

Tipp: Als Beilage passt gut ein Coleslaw-Salat dazu.

PIDE À LA KALLE

4 PERSONEN

Zutaten:
1 Hefewürfel
300 ml lauwarmes Wasser
500 g Weizenmehl (Type 405)
Salz
1 Zwiebel
500 g Kalbshackfleisch
1 Becher Schmand
1 Zitrone
200 g Schafskäse

zusätzliches Grillgerät:
Pizzastein

Zubereitung:
Den Hefewürfel im lauwarmen Wasser auflösen und zum Mehl geben. 1 TL Salz hinzufügen und alles mit einer Rührmaschine circa 5 Minuten durchkneten, bis daraus der Teig entsteht.

Danach den Teig bei Zimmertemperatur zur Seite stellen, bis der dieser aufgegangen ist und sich das Volumen des Teigs um circa die Hälfte verdoppelt hat.

In der Zwischenzeit die Zwiebel abziehen und in Würfel schneiden. Das Kalbshackfleisch auf einer Plancha auf dem Grill anbraten. Die gewürfelte Zwiebel hinzufügen und alles kross anbraten. Zwiebel-Hack-Mischung nun in eine Schüssel geben und den Schmand unterrühren. Den Saft von ½ Zitrone hinzugeben und die Mischung beiseitestellen.

Den Pizzateig in 4 runde Fladen teilen, ausrollen und jeweils zu einem Schiffchen formen. Die Hackfleisch-Masse in die Mitte geben und mit dem Schafskäse bestreuen.

Die rohen Pideschiffchen auf den Pizzastein legen und auf dem voll aufgedrehten Flammkraft-Grill bei 250 °C in circa 10 Minuten durchbacken.

Tipp: Hierzu passt gut ein Tomatensalat mit roten Zwiebeln.

PORCHETTA
auf Bayrisch Kraut

4 PERSONEN

Zutaten:
2 kg Schweinebauch ohne Knochen
 (z. B. von YOURBEEF)
1 EL Paprikapulver
1 EL Salz
½ TL gemahlener Kümmel
frisch gemahlener schwarzer Pfeffer
½ Bund frische Kräuter der Provence
1 Kopf Weißkraut
1 Zwiebel
1 EL Zucker
1 EL Kümmel (ganz)
150 ml Gemüsebrühe

Außerdem:
Klarsichtfolie
Küchengarn

zusätzliches Grillgerät:
Drehspieß

Zubereitung:
Die Fleischseite des Schweinebauchs mit Paprika, Salz, gemahlenem Kümmel sowie Pfeffer würzen und einreiben. Die Fleischseite auf ein großes Stück Klarsichtfolie legen. Die Schwarte anschließend mit einer dicken Schicht Salz bedecken. Das Fleischstück in der Folie einwickeln und über Nacht in den Kühlschrank legen.

Am nächsten Morgen den Schweinebauch auspacken und das überschüssige Salz auf der Schwarte mit einem Küchentuch abreiben. Auf die Mitte der Fleischseite die Kräuter der Provence verteilen. Den Schweinebauch zu einer Rolle zusammenwickeln und mit dem Küchengarn zusammenbinden.

Den Drehspieß des Flammkraft-Grills durch das Fleisch stecken und den Spieß mit den Haken mittig im Grill befestigen.

Den Flammkraft-Grill auf circa 180–190 °C vorheizen. Die Porchetta für circa 1– 1 ½ Stunden auf dem Drehspieß laufen lassen, bis er von außen knusprig ist und eine Kerntemperatur von circa 74 °C erreicht hat.

In der Zwischenzeit das Weißkraut fein schneiden oder hobeln. Die Zwiebel klein würfeln. Eine Pfanne erhitzen und circa 1 EL Zucker karamellisieren. Anschließend das Weißkraut und die Zwiebelwürfel hinzugeben und ebenfalls karamellisieren. Den Kümmel hinzugeben und mit circa 150 ml Gemüsebrühe ablöschen. Das Kraut circa 25–30 Minuten mit Deckel schmoren und mit Salz und Pfeffer abschmecken.

Die fertige Porchetta vom Drehspieß nehmen und vom Küchengarn befreien. In Tranchen schneiden und mit dem Bayrisch Kraut anrichten.

Tipp: Hierzu passt gut ein kühles Weißbier.

1

2

3

4

5

6

Bild 1: Hier seht ihr das Bayrisch Kraut in der Pfanne

Bild 2: Schweinebauch mit Kräutern belegen

Bild 3 & 4: Auf diesen Bildern seht ihr, wie man den Bauch am besten rollt und bindet

Bild 5: Ist das nicht eine knusprige Schönheit?

Bild 6: Das servierfertige Porchetta auf Bayrisch Kraut

BANANEN-GRANATAPFEL-
Strudel

4 PERSONEN

Zutaten:
1 Packung Strudelteig
200 g Schmand
200 g Quark
100 g Granatapfelkerne
½ TL Zimt
1 EL Zucker
2 EL Vanillezucker
2 Bananen
1 Ei
1 Becher Schlagsahne

zusätzliches Grillgerät:
Pizzastein

Zubereitung:
Den Strudelteig aus dem Kühlschrank holen und 20 Minuten ruhen lassen. In der Zwischenzeit Schmand, Quark, ⅔ der Granatapfelkerne, Zimt, Zucker und Vanillezucker miteinander verrühren.

Die Bananen schälen. Den Strudelteig nach 20 Minuten ausrollen und in 2 Teile teilen. Auf jedes Blatt mit der feuchten Hand drüberstreichen.

Jeweils die Hälfte der Quark-Zucker-Mischung auf die Teigblätter streichen und mit der Banane sowie der Hälfte der Granatapfelkerne belegen.

Nun das Ei verquirlen. Die Enden des Strudelteigs mit etwas verquirltem Ei einstreichen und den Strudel kompakt einrollen.

Den Flammkraft-Grill mit eingesetztem Pizzastein auf circa 200 °C vorheizen.

Den Strudel mit dem restlichen Ei einstreichen und für circa 20 Minuten auf den Pizzastein bei 180 °C geben.

Sobald der Strudel fertig ist, auf 4 Portionen aufteilen. Mit Sahne und den restlichen Granatapfelkernen garnieren.

Tipp: Hier passt ein schöner Eiswein dazu. Natürlich mundet der Strudel auch ausgezeichnet zu einer Tasse Kaffee.

Schloss Litschau

SCHLOSS LITSCHAU

Wild und Fischspezialitäten
aus dem nördlichen Waldviertel

In Litschau – der nördlichsten Stadt Österreichs –, 700 Meter Luftlinie von der tschechischen Grenze entfernt, haben Franziskus und Amelie Seilern-Aspang 2021 die Marke »Schloss Litschau« gegründet. Das Ziel: ein so reines Produkt wie nur möglich zu kreieren – ohne Zusätze und Konservierungsstoffe. Das Wild kommt aus dem heimischen Wald rund um Litschau und der Fisch aus der eigenen Teichwirtschaft der »Schlossfischerei Litschau«.

Die Wertschöpfungskette der Produkte liegt zu 100 Prozent in und um Litschau. So wird das Wild, nachdem es erlegt wurde, in dem wild- und fischzertifizierten Verarbeitungsbetrieb aufgebrochen und nach vorschriftsmäßiger tierärztlicher Untersuchung weiterverarbeitet. Der Betrieb arbeitet mit zwei Fleischern aus der Stadt zusammen, welche nicht nur die Spezialitäten kreieren, sondern auch ihr Wissen und neue Ideen einbringen.

Im Bereich der Wildspezialitäten hat sich der Betrieb auf die Rohwürste, wie Salami und Kaminwurzen, konzentriert. So wird hier ein zu 100 Prozent reines Wildprodukt geschaffen, das bedeutet auch, dass der Speck vom Wildschwein ist (ist dies nicht möglich, kommt der Speck von einem Bio-Bauernhof aus dem Nachbarort). Die Gewürze werden von der österreichischen Manufaktur *cook & grill* verwendet, welche ebenfalls größtenteils biozertifiziert sind.

Das grundlegende Anliegen des Betriebs ist vor allem die Wertschätzung gegenüber dem erlegten Wild beziehungsweise dem geernteten Fisch. Diese ist ausschlaggebend für die moderne und waidgerechte Jagd in Österreich und sollte selbstverständlich für jeden praktizierenden Jäger sein. So wird auch im Betrieb des Schloss Litschau nicht nur akribisch auf die Einhaltung der Schuss- und Schonzeiten geachtet, sondern auch auf den »richtigen« Schuss – also den, der dem Wild körperliche Qualen erspart. Dadurch kann zu 99 Prozent gewährleistet werden, dass das Wild bis zum Erlegen ein stress- und schmerzfreies Leben hatte. Diesen Unterschied schmeckt man ebenfalls in den Produkten: Das Fleisch eines entspannten Tiers ist nicht mit Adrenalin durchzogen und so viel zarter – ein Genuss im Gegensatz zum Fleisch vieler Nutztiere, die ihr Leben in Stress und Angst verbringen.

Seit 250 Jahren bewirtschaftet die Familie Seilern-Aspang ihren Betrieb in Litschau und ihnen liegt aufgrund der langen Tradition und des erarbeiteten Wissens nach wie vor die Weitergabe der Traditionen und Werte an die nächste Generation sehr am Herzen. Das Mit-dabei-Sein beim Erlegen und Aufbrechen des Wildes und das Im-Teich-Stehen beim Abfischen ist daher selbstverständlich und wird als vollkommen natürlich angesehen.

Schloss Litschau

ABFISCHEN IM NÖRDLICHEN WALDVIERTEL – ANHAND DER SCHLOSSFISCHEREI LITSCHAU

Anfang des 13. Jahrhunderts werden Wasserwiesen mit Wehren – also Teichen – in den Chroniken häufig erwähnt. Das Urbar – eine Art mittelalterliches Grundbuch – der Grafschaft Litschau von 1369 nennt neben zwei Weihern in Untertanenhand am Herrschaftsmittelpunkt mehrere »Wehren«.

1506 spricht die Pfarrchronik von Litschau von 20 Teichen und Wehren. Während die Zeit des Dreißigjährigen Krieges der Stadt die Verarmung brachte, da die wichtigen Handelsstraßen nicht mehr durch Litschau führten, entwickelten sich die Schaf- und Fischzucht sowie die Holzwirtschaft.

1763 erlangten die Grafen von Seilern-Aspang die Herrschaft und betreiben seitdem Forst- und Teichwirtschaft in dieser Region.

Franziskus Seilern-Aspang führt nun gemeinsam mit seinem Geschäftspartner, Markus Schlosser die »Schlossfischerei Litschau«, ein Unternehmen, das sich zum Ziel gesetzt hat, Fische in hochwertiger Qualität zu züchten und zu vertreiben.

Die beiden Teichwirte betreiben eine naturnahe, ökologische Teichwirtschaft auf 136 Hektar Fläche in 44 Teichen. In dem Betrieb werden gesunde, widerstandsfähige Fische herangezogen – mit großer, langjähriger Erfahrung. Die Art und Weise der Ernte der Fische, in der Fachsprache als »Abfischen« bezeichnet, ist in ihrer Form seit dem 16. Jahrhundert vom Handwerk her gleichgeblieben. Die Anpassung an die Moderne ist rein auf das verwendete Gerät, wie die Netze aus Nylon, die Stiefel aus PVC sowie motorisierte Fahrzeuge bezogen. Die lange Beibehaltung der speziellen traditionellen Technik, die seit Jahrhunderten nahezu identisch geblieben ist, ist nicht ein Zeichen von Stillstand, sondern vielmehr mit Perfektion zu begründen. Der Ruf der Waldviertler Karpfen und ihre hervorragende Qualität ist unter anderem auf die schonende Ernte zurückzuführen, die auch den höchsten Standards des Tierwohls gerecht wird.

Die Abfischungen im Waldviertel bringen einen hohen Personalaufwand mit sich, der nur mit zahlreichen freiwilligen Helfern bewerkstelligt werden kann. Die tief verwurzelte Kameradschaft innerhalb der Schlossfischerei mit ihren freiwilligen Helfern sucht ihresgleichen und ist gleichzeitig Grundstein des Erfolges. Die Effizienz und Professionalität, die dadurch erreicht werden kann, kommt nicht nur dem Betrieb zugute, sondern wirkt sich auch ganz entscheidend auf die Qualität der Fische aus.

Abgefischt wird im Frühjahr und im Herbst, wenn die Wassertemperatur tief genug ist, um den Stressfaktor der Fische so gering wie möglich zu halten. Die Vorbereitungen starten noch in den Nachtstunden, um bei Sonnenaufgang mit dem ersten Netzzug beginnen zu können. Meist werden nicht mehr als vier Züge pro Tag gelandet, um wiederum nicht zu großen Stress zu erzeugen. Die freiwilligen Helfer freuen sich, wenn am frühen Nachmittag am Lagerfeuer die schweißtreibende Arbeit im kalten Wasser ein Ende hat und die Arbeit kameradschaftlich ausklingt. So steigt auch gleich die Motivation für den nächsten Einsatz.

HECHT AUS DER GLUT
mit Mangosauce

4 PERSONEN

Zutaten:
Für die Mangosauce:
2 Mangos
Saft und Abrieb von 1 Limette
1 EL Mangoessig
1 TL geschrotete Chili
1 Hecht (ca. 1,5 kg)
Meersalz
1 Bund frischer Thymian
1 Zitrone
6 Scheiben Schwarzbrot

Grillgerät:
Feuerstelle oder Feuerschale

Zubereitung:
Zuerst an einer geeigneten Feuerstelle oder in einer Feuerschale mit Hartholz eine weiße Glut vorbereiten. Einen etwa 50–60 cm langen, am besten kantigen Holzscheit bereithalten. Auf diesem wird später der Hecht in der Glut platziert.

Die Mangos schälen, zuerst in Streifen schneiden und anschließend ganz fein hacken. Diese Masse nun in ein Gefäß geben und mit dem Saft und Zesten der Limette, dem Mangoessig und dem Chili abschmecken – fertig ist die Mangosauce.

Den ausgenommenen und gewaschenen Hecht nun auf der Bauchinnenseite gut salzen und mit dem Thymian füllen.

Die vorbereitete Glut in der Mitte nun teilen und den Holzscheit platzieren. Die Zitrone halbieren, auf den Holzscheit legen und den Hecht mit der Bauchseite auf die Zitronen setzen. Das gibt gleichzeitig Stabilität und Geschmack. Während des Garvorganges gilt es nun zu beachten, dass eventuell hochzüngelnde Flammen den Fisch nicht verbrennen. Hier muss man stetig an der Glut arbeiten und beobachten.

Wenn sich die Rückenflosse leicht aus dem Fisch ziehen lässt, ist der Hecht fertig gegart. Bei unserer Zubereitungsart wirft die Fischhaut außerdem Blasen, wenn der Fisch fertig gegart ist.

Den Hecht nun von der Glut nehmen, die Haut abziehen und das saftige Fischfleisch von der Karkasse lösen.

Die Brotscheiben auf den Holzscheit legen und kurz anrösten. Das Hechtfleisch auf das Brot geben und etwas von der Mangosauce darüberträufeln.

Tipp: Die Glut muss anfangs wirklich weiß sein. Das hat den Hintergrund, dass weiße Glut eine reduzierte Hitze erzeugt, die das Grillgut sanft und gleichmäßig umhüllt und für richtigen Knusper sorgt. Wer über zu dunkler und damit zu heißer Glut grillt – aus der womöglich sogar noch Flammen springen –, der riskiert einen verbrannten Fisch und einen Mund voller Kohlegeschmack.

Flammkraft

Flammkraft

RobataYaki-Grill

Am Anfang war das Feuer und wer das Feuer beherrscht, der wagt es zu grillen.

Robata kommt aus dem japanischen und bedeutet »Feuerstelle«. Mit dem Zusatz *yaki*, was übersetzt »braten« meint, wird daraus eine Feuerstelle zum Braten – ganz simpel und einfach. Und ebenso ist dieser Grill auch zu verstehen.

Seit jeher liegt in Japan beim Grillen der Hauptfokus auf dem Umgang mit hochwertigen Lebensmitteln und deren achtsamer Zubereitung.

Nicht das Essen per se steht im Vordergrund, sondern die Zeit, mit der man das Grillen verbringt.

Aus diesem Grundgedanken heraus haben Jörg Bruch, ehemaliger Küchenchef des Hangar-7, und der bekannte Hafnermeister Heinz Perner ein Produkt kreiert, das österreichische Handwerkskunst mit japanischen Traditionen verknüpft.

Jörg als Spitzenkoch und kulinarischer Künstler war mit den aus Japan importierten Geräten nie ganz zufrieden. 2017 hat er schließlich seinen Freund und Feuerarchitekten Heinz Perner damit beauftragt, den Grill mit japanischen Wurzeln für die Spitzengastronomie komplett neu zu denken. Der Anspruch war, Feuer-Funktionalität und Ästhetik in Einklang zu bringen. Auf diesem Gedanken aufbauend wurden die ersten Prototypen des RobataYaki-Grills konstruiert – damals noch in der kleinen Werkstatt von Heinz.

Vom ersten Versuch hin bis zur Serienreife dauerte es weitere drei Jahre – drei Jahre, in denen vor allem namhafte Köche aus der Spitzengastronomie ihren Input für die Weiterentwicklung gegeben haben.

Das Endprodukt ist am besten mit nachstehenden Attributen zu beschreiben: robust, kompakt, bodenständig, flexibel.

Die Feuerraumauskleidung aus hoch isolierendem Material ist erneuerbar und ermöglicht Temperaturen von bis zu 600 ° C am Grillrost. Eine Karamellisierung vom Feinsten ist somit garantiert.Die Feuer-Box und der Grundkorpus bestehen aus bestem Herdstahl – geschmiedet, geschweißt, genietet, einfach für die Ewigkeit geschaffen.

Mit der flexiblen Aschenlade bleibt der Grill nicht nur sauber, sie regelt auch die gewünschte Hitze.

Jede Menge Zubehör wie das eigens entwickelte Galgensystem, die organisierbare Edelstahlrückwand oder die Auflage für die Yakitori-Spieße verwandeln den Grill in einen regelrechten Alleskönner. Eine kulinarische »Spielwiese« für kreative und anspruchsvolle Köche.

Auch uns hat diese Art von Grill von Anfang an fasziniert, weswegen wir ihn in diesem Buch vorstellen wollten. Einige Rezepte haben wir daher für euch am Robata-Grill zubereitet.

HIRSCH-T-BONE-STEAK
mit Topinambur-Chips

2 PERSONEN

Zutaten:
Für den crunchy Rotkrautsalat:
½ Kopf Rotkraut
1 Orange
1 EL Mangoessig
1 EL alten Balsamicoessig
1 EL Preiselbeermarmelade
1 EL Sojasauce
Meersalz
1 TL Chiliflocken
8 Knollen Topinambur
etwas Rapsöl
4 T-Bone-Steaks vom Hirsch

Für die Heidelbeersauce:
2 EL brauner Rohrzucker
1 EL Butter
250 g Heidelbeeren
2 EL Balsamicoessig
1 TL grobe Chiliflocken

Zubereitung:
Den RobataYaki-Grill mit Holzkohle anheizen, bis eine schöne weiße Glut ersichtlich ist.

Den weißen Strunk aus dem Rotkraut schneiden, das Kraut in feine Streifen schneiden und in eine Schüssel geben. Die Orange halbieren, auspressen und den Saft über dem Kraut verteilen. Mangoessig, Balsamico, Preiselbeermarmelade sowie Sojasauce über das Kraut verteilen und gut durchmengen. Mit Meersalz und dem Chili abschmecken und anschließend kühl stellen.

Den Topinambur gut waschen, abtrocknen und mit der Schale in dünne Scheiben schneiden, etwas einölen und beiseitestellen.

Die Steaks, Topinambur und Heidelbeeren werden nun gleichzeitig zubereitet.

Die Steaks beidseitig salzen und auf dem Grillrost auf eine Kerntemperatur von 54 °C grillen.

Den Topinambur direkt auf dem Grillrost beidseitig knusprig garen.

Eine gusseiserne Pfanne auf den heißen Grillrost stellen und den Zucker mit der Butter karamellisieren. Die Heidelbeeren dazugeben und durchschwenken. Den Balsamico und den Chili beigeben und etwa 3–4 Minuten durchziehen lassen.

Alles auf einem flachen Teller anrichten und mit einem Glas Rotwein genießen.

Tipp: Wenn du den Topinambur schälst und nicht gleich weiterverarbeitest, in kaltes Wasser geben oder mit Zitronensaft beträufeln, damit die Schnittflächen nicht braun werden.

LUMA-BEEF-HOHRÜCKEN
mit Rosenkohl-Speck-Gemüse

2 PERSONEN

Zutaten:
200 g Rosenkohl
Meersalz
300 g Luma-Beef-Hohrücken
(Hochrippe) Ladies Cut
etwas Butter
1 Bund Thymianzweige
100 g Speck
frisch gemörserter schwarzer Pfeffer

Außerdem:
Eiswasser

zusätzliches Grillgerät:
gusseiserner Topf
gusseiserne Pfanne

Zubereitung:
Die Feuerplatte gleichmäßig aufheizen.

Den Rosenkohl putzen. In einem gusseisernen Topf Wasser auf der Feuerplatte zum Kochen bringen, den Rosenkohl etwa 3 Minuten im Salzwasser blanchieren und anschließend in zuvor bereitgestelltem Eiswasser abschrecken – damit bleibt der tiefgrüne Ton der Kohlsprossen erhalten.

Das Steak beidseitig salzen und etwa 4 Minuten auf jeder Seite auf der Feuerplatte grillen. Wir empfehlen beim Steak eine Kerntemperatur von 54 °C.

Das Steak vom Grill nehmen und beide Seiten des Steaks mit etwas flüssiger Butter bestreichen. Das Fleisch auf einem Bett von Thymianzweigen 3–4 Minuten nachziehen lassen.

Während das Steak ruht, den Rosenkohl und den Speck mit etwas Butter in einer gusseisernen Pfanne anschwenken.

Das Steak in Tranchen aufschneiden und mit etwas gemörsertem schwarzem Pfeffer würzen. Mit dem Speck-Rosenkohl anrichten.

Tipp: Ein gehaltvoller Rotwein wie etwa ein Rioja passt sehr gut zu diesem Gericht.

Gut zu wissen: Dieses Steak besteht aus verschiedenen Muskeln, die zwischen der sechsten und der zwölften Rippe liegen. Das Fleisch ist zartfaserig und stark marmoriert. Es wird insgesamt 56 Tage am Knochen mit einem Edelschimmelpilz gereift und entwickelt dadurch ein ganz spezielles Aroma.

Weitere Grillmodelle

& Techniken

Bisher haben wir euch in diesem Buch schon verschiedene Grillmodelle vorgestellt. Alle haben sie ihre ganz spezifischen Eigenschaften und Vorzüge. Das heißt aber nicht, dass man die Rezepte aus den vorangegangenen Kapiteln ausschließlich mit den jeweils dazu genannten Grills machen kann – im Gegenteil: Viele lassen sich auch am althergebrachten Holzkohle- oder Gasgrill zubereiten, die meisten könnte man sogar in der Küche auf dem Herd oder im Rohr nachmachen.

Dazu ein Gedanke: Wir geben ja Grillkurse und viele Teilnehmer stellen dabei oft die Frage, was eine Prise Salz eigentlich ist und ob man das in den Rezepten nicht mal genauer beschreiben könnte. Da sollte dann so was stehen wie »5 g Salz« oder so. Möglichst genau eben.

Gerade beim Thema Salz könnte man ein eigenes Buch schreiben. Ich habe etwa festgestellt, dass viele Menschen sehr oft ein Lieblingssalz haben, mit dem sie kochen. Die Salze sind aber teils grundverschieden, sodass man sie nicht vergleichen kann. Das klassische Salinensalz aus den heimischen Bergen ist anders als das handgeschöpfte Meersalz, das wiederum unterscheidet sich vom Salz aus dem Himalaja. Diese Unterschiede findet man in der Struktur – und auch in der Salzigkeit, wenn man so will. Das heißt, dass 5 Gramm Salinensalz zu wenig sein könnten, wohingegen 5 Gramm Meersalz schon viel zu viel sind.

Was wir mit diesem Beispiel vom Salz mitgeben wollen, ist dass jeder ein Gefühl entwickeln und sein eigenes Geschmacksbild kreieren muss, ganz nach den persönlichen Vorlieben und mit den eigenen Produkten – und auch den Grills, die einem am besten zusagen und mit denen man sich am wohlsten fühlt.

Auf den folgenden Seiten wollen wir euch dafür nun ein paar abschließende Rezepte für weitere Grillmodelle zeigen, etwa für den Smoker von Traeger oder den Atago von Petromax.

Noch ein Tipp: Wer sich einen neuen Grill anschafft, egal welchen, sollte immer eine Nummer größer kaufen, als man zuerst denkt. Soll heißen: Wer denkt, dass einem ein 3-flammiger Gasgrill reicht, sollte lieber einen 4-flammigen nehmen. Denn man wird sich weiterentwickeln. Man beginnt bei Würstchen und Kotelett, ganz klassisch, und endet bei mehrgängigen Menüs (Rezeptideen habt ihr ja in diesem Buch reichlich) mit Vorspeisen, Hauptspeisen und Desserts – und schon geht einem der Platz aus. Also lieber gleich groß denken, vertraut uns! ;)

Die einfachste und ursprünglichste Art, ein Stück Fleisch zuzubereiten, ist jene in der Glut. Schon vor Jahrtausenden nutzten die ersten Höhlenmenschen diese Zubereitungsart und in meinen zahlreichen Grillkursen und Veranstaltungen ist das jedes Mal das Highlight – ist es doch die gängige Meinung, das Grillgut müsse verbrennen, nach Kohle schmecken und so weiter.

Wichtigstes ist die Auswahl des Grillgutes. Hier verwende ich ausschließlich mageres Muskelfleisch mit intramuskulärem Fett, wie etwa ein Steak aus dem Rinderrücken, oder ein Stück Keule oder Rücken vom Reh oder Hirsch. Grundsätzlich eignen sich Rind oder Wild hierfür sehr gut. Bitte keinen Schweinebauch mit hohem Fettanteil oder mariniertes Fleisch verwenden.

Es benötigt etwas Vorbereitungszeit und Geduld, um die richtige Glut abzuwarten. Diese sollte (wie im Bild links) weiß sein, ohne Flammen.

Das Stück Fleisch nun beidseitig mit grobem Meersalz einreiben und direkt in die heiße Glut legen. Wenn sich auf der Oberseite kleine Tropfen vom Fleischsaft bilden, umdrehen. Wenn sich auf der gegrillten Seite auch wieder Tropfen bilden, das Stück aus der Glut nehmen.

Sollten sich Glutstücke am Fleisch befinden, einfach abschütteln oder mit einer Gabel entfernen. Nun auf ein Brett geben, beidseitig mit etwas flüssiger Butter bestreichen und auf einem Kräuterbett für 2-5 Minuten rasten lassen.

Wer alles richtig gemacht hat, sollte nun ein durchgehend rosa gebratenes Stück Fleisch haben.

Vielleicht benötigt es ein paar Versuche, aber Steak ist in dieser Variante einfach genial!

GRILLBANANEN
mit Honig

4 PERSONEN

Zutaten:
etwas Butter
4 Bananen
etwas Honig
etwas Zimt

Grillgerät:
Petromax Atago

Zubereitung:
Den Petromax Atago anheizen und die dazugehörige Feuerplatte draufsetzen. Darauf achten, dass die Flammen nicht aus dem Atago schlagen. Die Platte mit etwas Butter einpinseln und die Bananen draufsetzen. Wenn die Bananen bis zur Hälfte braun geworden sind, umdrehen.

Bei den Bananen nun die Schale im oberen Drittel komplett entfernen.

Honig mit etwas Zimt vermengen und über dem Fruchtfleisch verteilen.

Bis zum gewünschten Gargrad grillen – von fest bis matschig, wie es einem gefällt – und mit einem Löffel direkt am Grill das Fruchtfleisch aus der Banane löffeln.

Tipp: Für Erwachsene kann man die Bananen gerne mit Rum flambieren.

Wintergrillen im Garten

BEEF WELLINGTON

4 PERSONEN

Zutaten:
600 g Rinderfilet (Mittelstück)
Salz
frisch gemahlener schwarzer Pfeffer
etwas Curry
150 g Champignons
150 g Austernpilze
1 EL grober Senf
½ TL Majoran
1 Rolle frischer Blätterteig
50 ml Milch
1 Eigelb

Grillgerät:
Traeger Ranger Pelletgrill

Zubereitung:
Rinderfilet von Sehnen und Häutchen befreien.
Mit Salz, Pfeffer und Curry würzen und erst einmal beiseitestellen.

Die Champignons und Austernpilze in ganz feine
Würfel schneiden und auf der Grillplatte des Traegers kurz anrösten. Nun die Pilze in eine Schüssel
geben und den Senf unterrühren. ½ TL getrockneten Majoran hinzugeben und mit Salz und Pfeffer
abschmecken.

Jetzt den Blätterteig aus dem Kühlschrank nehmen und diesen ausrollen. Mit der Pilz-Senf-Mischung bestreichen. Das Rinderfilet auf der Grillplatte von allen Seiten scharf angrillen und danach
kurz auf einem Küchenpapier ablegen. Nun auf
den Blätterteig legen und alles zusammenrollen.
Den restlichen Blätterteig zu einem Zopf flechten
und dekorativ oben auf das Fleisch-Blätterteig-Paket legen. Milch und Eigelb miteinander verquirlen. Mit einem Pinsel die Milch-Ei-Mischung
auf dem Blätterteig verstreichen.

Den Pelletgrill auf 180 °C heizen. Das Beef Wellington für 10–15 Minuten auf Backpapier in den
Ranger legen und den Deckel schließen. Danach
kurz für 2 Minuten abkühlen lassen und anschließend in schöne Scheiben schneiden.

Tipp: Mit einem schönen Salat anrichten.

EINGEBACKENER CAMEMBERT
im Fladenbrot mit Chimichurri

2 PERSONEN

Zutaten:
500 g Dinkelmehl
1 Würfel frische Hefe
1 TL Zucker
75 g weiche Butter
1 TL Salz
   + etwas mehr für das Chimichurri
50 ml Milch
1 Ei
250 ml lauwarmes Wasser
1 Bund glatte oder krause Petersilie
1 Bund frischer Koriander
1 Bund Schnittlauch
2 Chilischoten
Abrieb von 1 Zitrone
100 ml Olivenöl
frisch gemahlener schwarzer Pfeffer
1 großer Camembert

Grillgerät:
Traeger Ranger Pelletgrill

Zubereitung:
Dinkelmehl in eine Rührschüssel einer Küchenmaschine oder in eine Küchenschüssel geben. Die Hefe zerbröseln mit dem Zucker vermengen. In einer kleinen Tasse für 5 Minuten beiseitestellen.

Die Butter, 1 TL Salz sowie die Milch und das Ei zum Mehl geben. Dann das Hefe-Zucker-Gemisch mit dem lauwarmen Wasser verrühren und zur Mehlmischung geben.

Das Ganze circa 30 Sekunden erst auf kleiner Stufe und danach auf hoher Stufe weitere 3 Minuten mit der Küchenmaschine oder dem Handrührgerät kneten. Den Teig mit einem Küchentuch abdecken und an einem warmen Ort circa 45 Minuten gehen lassen, bis sich das Volumen fast verdoppelt hat.

In der Zwischenzeit alle Kräuter hacken, die Chilischoten schneiden und mit dem Zitronenabrieb und Olivenöl vermengen. Mit Salz und Pfeffer abschmecken und beiseitestellen. Dies ist unser Chimichurri.

Nun den Teig für das Fladenbrot dünn ausrollen. Den Camembert mittig auf den Teig stellen und alles zur Mitte hin zuklappen.

Den Traeger Ranger auf circa 200 °C vorheizen. Das Fladenbrot auf Backpapier für circa 20–25 Minuten bei geschlossenem Deckel im Pelletgrill backen.

Danach auf einem großen Teller oder einer Holzplatte anrichten, einschneiden und mit dem Chimichurri bestreichen.

Tipp: Dazu passt ein gemischter Salat.

PULLED PORK

8 PERSONEN

Zutaten:
5 kg Boston Butt
   (z. B. von YOURBEEF)
75 g Salz
1 TL frisch gemahlener
   schwarzer Pfeffer
75 g Zucker
1 Espressotasse Paprikapulver
1 EL Knoblauchpulver
1 EL Oregano
200 ml Apfelsaft
200 ml Whiskey
BBQ-Sauce

Außerdem:
1 Fleischspritze
Aluminiumfolie
Backpapier

Grillgerät:
Traeger Ironwood 885

Zubereitung:

Den Boston Butt auspacken und abtupfen. Salz, Pfeffer, Zucker, Paprikapulver, Knoblauchpulver und Oregano miteinander vermischen. Das Fleisch kräftig damit einreiben. Nun den Apfelsaft mit dem Whiskey vermengen, die Flüssigkeit mit der Spritze aufziehen und in das Fleisch hineinspritzen.

Jetzt das Fleisch in Folie einwickeln und über Nacht in den Kühlschrank stellen. Am nächsten Morgen das Fleisch auspacken. Den Smoker auf 100 °C aufheizen und das ausgepackte Fleisch für circa 1–1 ½ Stunden in den Smoker legen. Danach eine Lage Folie auf die Arbeitsfläche legen und diese mit einer Lage Backpapier belegen, dann das Fleisch noch einmal mit der Apfelsaft-Whiskey-Mischung bespritzen und gut einpacken.

Jetzt das eingepackte Fleisch bei 150 °C für 3 ½ Stunden in den Smoker legen. Währenddessen den Rest des Apfelsaft-Whiskey-Gemischs mit der favorisierten BBQ-Sauce vermengen. Nach Ablauf der 3 ½ Stunden das Fleisch mit dieser Flüssigkeit bestreichen und noch mal bei 140 °C für 1 Stunde in den Smoker geben.

Vor dem Servieren das Fleisch in mundgerechte Stücke zupfen.

Tipp: Wenn etwas vom fertigen Pulled Pork übrig bleibt, kann man dieses sehr gut portionsweise einfrieren.

BEEF BRISKET

4 PERSONEN

Zutaten:
1 EL Knoblauchpulver
1 EL Paprikapulver
2 EL Salz
1 EL Zitronenpfeffer
1 TL brauner Zucker
1,5 kg Brisket
   (z. B. von YOURBEEF)
200 ml Whiskey
200 ml Apfelsaft

Außerdem:
1 Fleischspritze
Klarsichtfolie
1 Rolle Butcher Paper (alternativ Backpapier)
Alufolie

Grillgerät:
Traeger Ironwood 885

Zubereitung:
In einer Schüssel alle Gewürze sowie den Zucker miteinander vermischen und das Brisket damit kräftig einreiben. In einer separaten Schüssel den Whiskey mit dem Apfelsaft vermischen, mit der Fleischspritze aufziehen und in das Brisket spritzen. Das Fleisch in Klarsichtfolie wickeln und über Nacht in den Kühlschrank legen.

Am nächsten Morgen den Smoker auf 100 °C vorheizen. Anschließend das Brisket in den Smoker legen und circa 2 Stunden smoken.

Das Brisket kurz aus dem Smoker holen und es in Butcher Paper und Alufolie wickeln, dann für 4 weitere Stunden bei 140 °C wieder in den Smoker legen.

Das Brisket rausholen, entpacken und das Fleisch kurz ruhen lassen. Abschließend das Brisket in Tranchen schneiden und servieren.

Tipp: Hierzu passt gut ein Craftbeer oder ein trockener Rotwein.

BAVARIAN PORK KNUCKLE
trifft Wok-Gemüse

4 PERSONEN

Zutaten:
100 ml Sojasauce
  (z. B. Soy & Soul – Original)
100 ml Lumi-Lumi-Sauce
50 ml Sesamöl
  + etwas mehr zum
  Gemüse-Anschwitzen
Saft von 1 Zitrone
1 große Schweinshaxe
Salz
frisch gemahlener schwarzer Pfeffer
½ Chinakohl
2 Karotten
2 Frühlingszwiebeln
1 rote Paprika
1 Zucchini
1 Zwiebel
2 Stangen Staudensellerie

Außerdem:
1 Fleischspritze

Grillgerät:
Grill, Gas- oder Holzkohlegrill

Zubereitung:
Sojasauce, Lumi-Lumi-Sauce, Sesamöl und den Saft der Zitrone miteinander vermengen und mit einer Fleischspritze großzügig in die Haxe hineinspritzen. Die übrige Soja-Lumi-Mischung beiseitestellen. Die Haxe nun für ungefähr 1 Stunde abgedeckt in den Kühlschrank stellen.

Den Grill, Gas- oder Holzkohlegrill mit Deckel auf 220 °C vorheizen.

Bevor die Haxe in den Grill kommt, die Schwarte kräftig mit Salz einreiben und die Fleischseite mit Salz und Pfeffer nach Geschmack würzen, dann für circa 1 Stunde bei 200 °C in den Grill legen. Danach den Grill auf 160 °C zurückschalten und die Haxe für 1 weitere Stunde fertig grillen.

In der Zwischenzeit sämtliches Gemüse in feine Streifen schneiden und in einer Wok-Pfanne oder tiefen Pfanne mit Sesamöl (oder normalem Öl) circa 3–4 Minuten anschwitzen. Mit der restlichen Soja-Lumi-Mischung abschmecken und für weitere 2 Minuten köcheln lassen.

Dann das Asia-Wok-Gemüse in einem tiefen Teller oder auf einer tieferen Platte anrichten. Die Haxe halbieren; dafür das ganze Stück zwischen den zwei Knochen aufschneiden und je 1 Haxenhälfte zum Gemüse geben.

Tipp: Als Beilagen eignen sich sowohl Reis als auch Udon-Nudeln.

GETRÜFFELTE BEEF RIBS

4 PERSONEN

Zutaten:
2 kg Beef Short Ribs
   (z. B. von YOURBEEF)
2 EL Salz
1 EL brauner Zucker
1 EL Paprikapulver
1 TL gemahlener Koriander
1 TL Oregano
1 TL Knoblauchpulver
200 ml Apfelsaft
200 ml Rum
2 EL Apfelessig
1 Flasche Trüffelketchup
   (von BAVARIAN SAUCE COMPANY)

Außerdem:
1 Fleischspritze
Klarsichtfolie
Backpapier

Grillgerät:
Smoker

Zubereitung:
Die Beef Ribs auspacken. Nun die Gewürze – Salz, Zucker, Paprikapulver, Koriander, Oregano und Knoblauch – miteinander vermengen und das Fleisch ordentlich von allen Seiten hiermit einrubbeln. Den Apfelsaft mit dem Rum und dem Essig verrühren und die Flüssigkeit großzügig mit einer Spritze aufziehen und in das Fleisch hineinspritzen.

Das Fleisch in Folie einwickeln und über Nacht in den Kühlschrank stellen. Am nächsten Morgen das Fleisch auspacken. Den Smoker auf circa 100 °C vorheizen und die Beef Ribs für ungefähr 1,5 Stunden in den Rauch setzen. Danach eine Lage Folie auf die Arbeitsfläche legen und diese mit einer Lage Backpapier belegen, dann das Fleisch noch einmal mit der Apfelsaft-Rum-Essig-Mischung einstreichen und gut einpacken.

Das eingepackte Fleisch bei 140 °C für 3 Stunden in den Smoker geben. Währenddessen den Rest des Apfelsaft-Rum-Essig-Gemischs mit der Hälfte des Trüffelketchups vermengen. Nach Ablauf der 3 Stunden das Fleisch mit dieser Sauce bestreichen und noch mal bei 140 °C für 1 weitere Stunde auf den Smoker geben.

Während dieser Stunde das Fleisch alle 15–20 Minuten mit der Sauce glasieren.

Sobald das Fleisch fertig ist, auf einem Brett servieren und mit dem restlichen Trüffelketchup reichen.

Tipp: Maiskolben, ein schöner frischer Salat oder Kartoffel-Wedges runden dieses Geschmackserlebnis ab.

JÜRGENS BBQ-SAUCE –
die Nummer eins!

ÜBER ¼ LITER

Zutaten:
250 g Ketchup
100 g brauner Rohrzucker
1 EL Apfelessig
1 EL Sojasauce
1 EL Worcestershiresauce
8 cl Whisky
1 EL süßer Senf (z. B. von Händlmaier)
1 EL grobes Meersalz
1 EL frisch gemörserter Pfeffer
1 EL Mangoessig
1 EL Balsamicosauce
Chiliflocken oder Pulver nach
    gewünschtem Schärfegrad

Zubereitung:
Alle Zutaten in einem Topf geben und bei mäßiger Hitze etwa 20 Minuten köcheln lassen. Vor dem Abfüllen unter ständigem Rühren einmal kurz aufkochen lassen.

Die BBQ-Sauce ist, in eine Flasche oder ein Glas abgefüllt, mehrere Wochen im Kühlschrank haltbar.

SCHARFE PREISELBEEREN

ÜBER ¼ LITER

Zutaten:
4 EL Preiselbeermarmelade
1 TL Kakaopulver
1 TL Honig
1 TL Chiliflocken

Zubereitung:
Die Preiselbeermarmelade mit dem Kakao, Honig und dem Chili gut vermengen und in den Kühlschrank stellen.

Tipp: Passt zu praktisch jedem Wildgericht!

Schwein gehabt

SCHWEIN GEHABT –
EIN BLICK HINTER DIE KULISSEN

Um ein Buch zu produzieren, benötigt es neben der kreativen Eingebung auch Plätze, an denen man am Ende des Tages produzieren kann. In unserem Fall wurde am Yak-Hof Kohl, bei mir im Garten in der Schweiz, im Garten von Ralf und in der Metzgerei von Stefan Holzner produziert und fotografiert.

Um bei unseren Grilleskapaden so wenig Abfall wie möglich zu produzieren, wurden kurzerhand sämtliche Freunde, Nachbarn und weitere Weggefährten eingeladen, um nach dem Fotoshooting die fertigen Gerichte zu verspeisen.

Thomas Apolt hat dabei insgesamt etwa 8000 Bilder gemacht – ein paar ausgewählte Momente davon findet ihr hier.

Schwein gehabt

Schwein gehabt

Schwein gehabt

Schwein gehabt

YourBeef

YOURBEEF: ALLES FÜR DEIN BBQ

YOURBEEF ist die heiße Adresse für
Dry Aged Beef, American BBQ, Special Cuts
und bestes Grillfleisch.

Der Fleischversand für Kenner bietet hochwertiges Fleisch aus Süddeutschland an. Das Fleisch wird in dem Handwerks- und Traditionsbetrieb erst nach Bestelleingang frisch portioniert und vakuumiert, und dann gekühlt und per Express zugestellt. Das Lieferdatum wird dabei vom Kunden selbst bestimmt.

Neben Klassikern wie Rumpsteak, Ribeye oder Filet gibt es auch Special Cuts wie Flank- und Spider Steak oder große Stücke wie Brisket, Boston Butt und Picanha. Da jubelt das Herz eines jeden Fleischliebhabers!

YourBeef

SOY & SOUL – SOJASAUCEN

Soy & Soul wurde von Spitzenkoch Tommy Eder-Dananic gegründet, welcher sich im Laufe der Zeit als einer der vielseitigsten und kreativsten Vertreter seiner Zunft etabliert hat und seit 2005 im einzigartigen Sternerestaurant Ikarus im Salzburger Hangar-7 als Küchenchef agiert.

Von Beginn an wurde Tommys kreative Reise stark geprägt und beeinflusst von der asiatischen Fusion Cuisine. Dies hat ihn dazu bewogen, im Jahr 2020 die Firma Soy & Soul zu formen mit dem Ziel, Genussfreunden Zugang zu seiner ganz besonderen kulinarischen Welt zu verschaffen.

Soy & Soul bietet eine wachsende Palette an unterschiedlichen Produkten an, für welche nur die feinsten Ingredienzien gut genug sind und die Essenz des Hochgenusses widerspiegeln.

PRODUKTE

Den Ausgangspunkt der Produkte von Soy & Soul bildete im Kern eine Selektion von Premium-Sojasaucen, welche nach und nach mit ganz besonderen Geschmacksvarianten ergänzt wurden. Diese geben allen Gerichten – egal ob Fisch, Fleisch oder jegliche Art von Veggies – den ganz besonderen Kick und eine Geschmacksdimension, die man in dieser Art noch nicht erlebt hat.

Das Summer Dressing ergänzt das Line-up und ist der perfekte Kompagnon für jegliche Art von Salaten, sei es grüner Salat, Tomaten, Avocado oder ein Burrata Caprese. Unser Spices Topping rundet sowohl jedes Gericht als auch unsere Produktpalette perfekt mit einem Mix an feinsten Inhaltsstoffen ab.

EINKAUFSTIPPS & BEZUGSQUELLEN

Gewürze & Saucen:
- Sydney & Frances
  www.sydneyfrances.com

- MYSPICE
  www.myspice.at

- BAVARIAN SAUCE COMPANY
  www.bavarian-sauce.shop

- THE VEGAN SAUCERY
  www.thevegansaucery.de

- Joe's Originals
  www.joes-originals.de

- Sojasaucen:
  www.soyandsoul.com

- Geschmacksperlen
  www.wuerzpott.com

Fleisch:
- YOURBEEF
  www.yourbeef.de

- Metzgerei Seeger
  www.metzgerei-seeger.de

- Metzgerei Holzner
  www.metzgerei-holzner.business.site

- Wild aus Deutschland Onlineversand
  www.josef-maier.com

- Von Kalb bis Fisch
  www.luma-delikatessen.com

Grills, Zubehör & Kohle:
- Grill-Zentrum
  www.grill-zentrum.de

- Feuerlord
  www.feuerlord.de

- Outdoor
  www.petromax.de

- Pellets Smoker
  www.traeger.com

- Gasgrill
  www.flammkraft.com

- Alles zum Räuchern
  www.smokeyolivewood.com

- Kompressorkühlbox
  www.truma.com

- Geschirr
  www.rechberger.at

- Schneidebretter
  www.chameo-board.com

Ein großes Dankeschön an unsere Partner:
- Dein Outdoorbegleiter
  www.amphora-tandoors.com

- Der Feuerplattengrill
  www.flaregrills.com

- Handgeschmiedete Pfannen, Woks,
  Pekas und Messer
  ww.grill365.at

- Fleisch aus Deutschland
  www.yourbeef.de

Dank & Team

DANK & TEAM

Mein allererster Dank gilt dieses Mal der Redaktion von Südwest, die trotz der im Moment herausfordernden Zeiten mein Konzept mit meinem neuen Co-Autor Karl-Heinz Drews das Vertrauen geschenkt hat.

An dieser Stelle ist es Zeit, Danke an alle zu sagen, die dieses Projekt unterstützt und möglich gemacht haben.

Danke an Ralf und Andrea, bei denen wir zwei Tage verbringen durften und einige Rezepte in den Kasten gebracht haben.

Danke auch an Thomas Apolt, der hier zum Teil unter widrigsten wetterbedingten Umständen wieder eine tolle Bildsprache umgesetzt hat.

Einmal mehr Danke an meine Familie und an meine Frau Manuela, die in den letzten Monaten vielfach auf mich verzichten mussten.

Zuletzt natürlich noch Danke an unsere Leser und Fans, die uns immer weiter motivieren, Themen für neue Bücher zu finden.

REZEPTREGISTER

IMPRESSUM

1. Auflage © 2023 by Südwest Verlag, einem Unternehmen der Penguin Random House Verlagsgruppe GmbH, Neumarkter Straße 28, 81637 München

Hinweis: Die Ratschläge/Informationen in diesem Buch sind von den Autoren und Verlag sorgfältig erwogen und geprüft, dennoch kann eine Garantie nicht übernommen werden. Eine Haftung der Autoren beziehungsweise des Verlags und seiner Beauftragten für Personen-, Sach- und Vermögensschäden ist ausgeschlossen.

Projektleitung: Philipp Christ
Textredaktion und Korrektorat: Susanne Schneider
Bildnachweis: Foodfotografie und Autorenportraits © Thomas Apolt
Mit Ausnahme von:
Grauschwarzer Steinhintergrund_shutterstock_410771665_credit: StoneBackground/Shutterstock
Beiger Papierhintergrund_shutterstock_538241152_credit: estherpoon/Shutterstock
S. 66: Azaliya (Elya Vatel)/Adobe Stock
S. 12, 14, 15: ©Matthias Neumann; S. 34, 38, 39: ©Amphora Tandoor; S. 68, 69: ©Thomas Mayer und Sandra Kopf; S. 112, 113: ©Christian Battel; S. 164, 166, 167: ©RobataYaki-Grill; S. 198, 199: ©YourBeef; S. 200, 201: ©Tommy Eder-Dananic; S. 60, 61: FLARE-Grill;

Umschlaggestaltung, Innenlayout, Satz: OH, JA! (www.oh-ja.com)
Herstellung: Elke Cramer
Reproduktion, Druck und Bindung: MohnMedia Mohndruck GmbH, Gütersloh
Printed in Germany

Penguin Random House Verlagsgruppe FSC ® N001967

ISBN 978-3-517-10227-6

www.suedwest-verlag.de